本当の勇気は「弱さ」を認めること

Daring Greatly

ブレネー・ブラウン
Brené Brown
門脇陽子［訳］
Yoko Kadowaki

サンマーク出版

世界をよりよい場所へ、
私をよりよい人間へと変えてくれる、スティーヴへ

ヴァルネラビリティ［Vulnerability］　傷つきやすさ、もろさ、攻撃や批判などを受けやすいこと、など。

本書への推薦の言葉

「すばらしい本だ――待ったなしの問題を、本質を突いて、しかもおもしろく語る。一気に読んだが、まだ余韻が消えない」

セス・ゴーディン
（『「紫の牛」を売れ！』『トライブ』などのベストセラー作家）

「勇気のパラドックスについて、幅広い研究と体験に基づいて鋭く洞察している。人はヴァルネラビリティを受け入れると強くなり、怖《おそ》れを認めると、もっと大胆に挑戦できるようになる。この本が頭を離れない」

グレッチェン・ルービン
（『人生は「幸せ計画」でうまくいく！』などのベストセラー作家）

「ブレネー・ブラウンは、自分は地図製作者であり旅人でもあると語る。だから私が本を書くときは彼女をガイドにしている。彼女のような心の世界への賢いガイドが、この世界にはもっと必要だ。今より勇気を出して、人とつながり、関わり、転んでも立ち上がりながら旅をしたければ、GPSは必要ない。この1冊がナビゲーターになる」

マリア・シュライヴァー
（ジャーナリスト、『明日から元気になれる』などのベストセラー作家）

「とても有意義な本――確実性とコントロールを追い求めることの危うさを警告するタイムリーな書。ヴァルネラビリティの本当の報酬、つまり、より大きな勇気へと至る貴重な指針を与えてくれる」

ダニエル・ピンク
（『モチベーション3・0』『ハイコンセプト』などのベストセラー作家）

「堅実な研究成果と飾り気のない語り口。『今日、あなたは果敢に挑戦しましたか？』と問いかける声が聞こえてくるようだ。自分の考えを話し、行動し、存在を示したければ、不安や怖れ、恥を乗り越える必要がある。これは世界が必要とする本だ。著者の温かさとユーモアとパンチ力が、果敢なる挑戦へと私たちの背中を押してくれる」

ハリエット・レーナー
（臨床心理学者、『怒りのダンス』などのベストセラー作家）

「現代のアイロニーは、誰もが同じ感情――失敗への怖れや自己不全感――を抱きながらも、互いに疎外されていると感じていることだ。ブレネー・ブラウンは人間の感情の暗がりを照らし出し、それが学校、職場、家庭生活でいかに成功を阻んでいるかを明らかにする。しかしまたそれらを変革して、勇気と熱意と目的意識のある偽りのない人生を歩む道も示している。目の前の人に話しかけるような語り口は、知恵とウィットに富み、率直で深い人間愛にあふれている。学生も教師も、親も、経営者も従業員も、もっと充実した人生を送りたい人は必読。二重丸でお勧めする」

ケン・ロビンソン
（教育者、講演者、『才能を引き出すエレメントの法則』などのベストセラー作家）

「あなたが弱みを隠さないのは勇気のある行為だが、私は弱みを隠さないとまずい――これがこの本の肝だ。ブレネーの研究成果とエピソードが織り成す本書は、どうすれば前進できるかを教えてくれる。女性のためだけの本だと、ゆめゆめ思うなかれ。男性も『強くあれ、弱みを見せるな』という重荷を背負い、高い代価を払っている。すべての人に役立つ本」

マイケル・バンゲイ・スタニエ
（経営者、講演者、『極上の仕事』などのベストセラー作家）

「私は心からブレネー・ブラウンを信頼している――彼女の研究も、知性も、誠実な人柄も。だから仕事での成功、健全な人間関係、子育ての喜び、勇気と情熱のある人生のために一番大切なものは何かを彼女が語るとき、私は姿勢を正して耳を澄ます。たとえ、生身をさらすというリスクの高い行動がその答えだったとしても。本書の執筆は、ブレネーにとって果敢なる挑戦だった。これを読んで、切れ味鋭い知恵の言葉を生活や仕事の中で実践するなら、大いに得るところがあるだろう」

エリザベス・レッサー

(『絶望を超えたとき、人生は羽ばたく』などのベストセラー作家)

「自分を偽ってでも周囲に合わせろというプレッシャーに常にさらされるこの時代に、本書は説得力のある別の選択肢を示している。本来のあなたに戻って人生を変えようと。傷つく勇気を大切にしよう。思いきってこの本を読んでみよう!」

クリス・ギレボー

(『常識からはみ出す生き方』などのベストセラー作家)

本当の勇気は「弱さ」を認めること　目次

2章 「傷つくこと」について私たちが誤解していること

3章 「恥」というグレムリンを退治する

4章 なりたい自分になるために、武器を手放すということ

5章 理想と現実のギャップを埋める方法

6章 人間性を取り戻す破壊力のある関わり

7章 「偽りのない」子育てのための終章

装　丁／鈴木正道（Suzuki Design）
編集協力／株式会社ぷれす
本文組版／山中　央
翻訳協力／オフィス・カガ

「果敢なる挑戦」

本書の原題である『Daring Greatly（果敢なる挑戦）』とは、セオドア・ルーズベルト米大統領が1910年4月23日にパリのソルボンヌ大学で行った「共和国の市民権」という演説の中の言葉である。

この演説は「競技場に立つ人」というタイトルでも親しまれており、次の一節が有名だ。

ただ批判するだけの人に価値はない――強い人のつまずきを指摘し、やり手ならもっとうまくできたはずだとあげつらうだけの人には。

称賛に値するのは、実際に競技場に立ち、埃《ほこり》と汗と血にまみれながらも勇敢に戦う人だ。あるときは間違いをおかし、あと一歩というところで届かないことが何度もあるかもしれない。

何をするにも間違いや欠点はつきまとう。それでもなお、ことを成し遂げるためにもがき苦しみ、情熱を燃やし、力を尽くし、大義のために身を粉にして励む人こそ偉大なのだ。

順風ならば最後には勝利に輝くだろうし、最悪の場合、失敗に終わるかもしれない。だが彼らは、少なくとも果敢なる挑戦をしたのである。


最初にこれを読んだとき、私は「あっ、これはヴァルネラビリティのことだ。この10年、私がヴァルネラビリティを研究して学んだことは、まさしくこれと同じだ」と思った。

ヴァルネラビリティは、勝利か敗北かではなく両方が必要だと知ること、関わること、すべて出し尽くすことにつながるのだから。


ヴァルネラビリティ（もろさや傷つく可能性のある状態）とは、単なる弱さのことではない。

私たちは日々、不確実性やリスク、危険に生身がさらされるような場に直面する。そうなるのは不可抗力だが、それにどう関わるかは選ぶことができる。

自分の弱さやもろい部分を認め、傷つく可能性と向き合おうとするかどうかで、どれだけ勇気があるか、どれだけ明確な目的をもっているかがわかる。また傷つきやすい自分の生身をさらせるかどうかは、不安や人とのつながりの断絶度合をはかる尺度になる。

完璧で誰にも批判されない自分になってから競技場に立とうと思っていると、結局、人間関係を損ない、チャンスを逃して取り返しのつかない事態を招き、貴重な時間を無駄にし、自分の才能や自分だからこそできる貢献を捨てることになりかねない。「完璧」「誰にも批判されない」という言葉は心をくすぐるかもしれないが、しょせん、人間はそうなりえないのだ。

私たちはそれがどのようなものであれ、関わる意思と勇気をもって、新しい人間関係、重要な会議、創作活動、家族との難しい話し合いといった「競技場」へと踏み出さなくてはならない。

観客席やサイドラインの外側から批判を浴びせ口出しをするのではなく、勇気をもって存在を示し、生身の自分をさらすこと。それがヴァルネラビリティであり、果敢なる挑戦なのだ。

これから一緒に、次の問いへの答えを探していこう。

- 何が傷つく不安をかきたてるのか？
- 私たちはどのようにして、傷つく可能性から自分を守ろうとしているか？
- 自分を閉ざし、自分をとりまく世界と関わることをやめるとき、どんな代価を払うことになるのか？
- 生き方、愛し方、子育て、リーダーシップなどを変革するには、自分のもろさや傷つく可能性とどう向き合えばよいのか？

はじめに——競技場に立った私

セラピストのダイアナの目をまっすぐ見て、私は言った。「ヴァルネラビリティなんて大嫌い」

「確実でないことが嫌いなんです。わからないのもいや。傷つくことや失望することを受け入れるのもいや。ヴァルネラビリティってややこしくて、身もだえするほど苦しいんです。わかりますか？」

彼女はうなずいて「よくわかりますよ。ヴァルネラビリティは身もだえするほどすてきなことですから」と、何かとても美しいものを思い描くかのように微笑《ほほえ》んだ。私はキツネにつままれたような顔をしていたに違いない。いったいこの人は何をイメージしているのだろう。

「身もだえするほど『苦しい』って言ったんですが。『すてき』じゃなくて」と私は言った。「それに念のため言っておくと、もし傷つく可能性と『偽りのない』生き方の関連性を研究したりしていなければ、ここには来なかったでしょう。もうこの感じがいやでたまらない」

「それはどんな感じですか?」とダイアナはたずねた。

「いても立ってもいられない。手あたりしだい修正して、もっとましにしなくちゃと」

「それができないと?」

「誰かの顔にパンチをくらわしてやりたくなる」

「そうするのですか?」

「まさか」

「では、どうするのですか?」

「掃除をする、ピーナツバターをなめる、誰かを責める。何もかも完璧にする。コントロールできるものは全部コントロールする——不安定なものはすべて」

「どんなときに一番、傷つく可能性を感じますか?」とダイアナはきいた。

「不安なとき」と私は答えた。ダイアナはセラピスト特有の少しうっとうしい間の取り方と共感のうなずきで、私をもっとしゃべらせようとした。「どうなるのかわからなくて不安なとき、神経を使う会話をするとき、何か新しいことを試すとき、居心地の悪い思いをしそうなことをするとき、批判を浴びる可能性があることをするとき」

ダイアナは黙ってうなずいた。「それから、子どもたちや夫を心からいとおしく思うとき——もし家族に何かあったら生きていけません。大切な人が苦しんでいるのに何もできず、ただそばにいてあげることしかできないとき……。うまくいきすぎて怖いときとかもそう。もしもヴァルネラビリティが身もだえするほどすてきだったら、どんなにいいかしら。でも今のところは身もだえするほど苦しい。それって、変えられるんでしょうか？」

「変えられると思います」

「このセラピーには宿題か何かあるんですか？　データを分析するとか？」

「データも宿題もありません。ここでは課題も評価もないんです。考えるよりも感じてください」

「傷つく不安を感じないまま、『身もだえするほどすてき』にたどり着けますか？」

「無理ですね」

「それはがっかりだわ」

私の著書やブログやこの後に紹介するTEDトークの動画を知らない人もいると思うので、ここで自己紹介をさせていただこう。私はこれまでの人生で、いつもヴァルネラビリティから逃げ、裏をかこうとしてきた。不確かなことや正直な感情を人前にさらすことが大嫌いだった私は、ほとんどの人が傷つく不安に悩みはじめるミドルスクールの頃には、傷つく可能性を避けるスキルを身につけ、磨きをかけていた。

私はあるときには「有能であれ、完璧であれ、人を喜ばせよ」を体現する「優等生」になり、タバコをくわえた文学少女になり、怒れる活動家になり、企業の出世街道をひた走り、パーティで乱痴気騒ぎをしたりした。それは一見、おおむね妥当な発達段階のようだが、もう一つの面がある。どのステップも、誰にも何にも深く関わりすぎず弱みをさらさないように身を守る「鎧《よろい》」だった。誰に対しても安全な距離をとり、いつでも逃げ出せるようにしておくための作戦だったのだ。

そうして私は、20代後半にAT&Tの管理職を辞めて、ソーシャルワーカーを目指して大学に入り直した。

ソーシャルワークを博士課程まで学んで確信したのは、次のことだ。私たちは人とのつながりがあってこそ存在し、他者とつながるように生まれついている。つながりは生きる目的と意味を与え、それを失ったとき人は苦しむ。私は人のつながりの構造を解明するような研究をしたいと思った。

ところがその素朴なアイディアは、瞬く間に別のテーマに乗っ取られてしまった。研究調査に参加してくれた人々に「あなたにとって一番大切な人間関係や、人とつながる体験について話してください」と頼むと、彼らは悲嘆、裏切り、恥（自分は真実のつながりに値しないかもしれないという不安）ばかりを話すのだ。人はものごとを否定的な面から定義する傾向があるが、とくに感情体験にはそれが言えるようだ。

私ははからずも恥と共感を研究することになり、「恥とは何か、どう作用するのか、また自分は不充分だ（愛され、居場所を与えられる価値がない）と思うときに立ち直る力を、どのように養うか」を6年間、研究して理論化した。

その後、逆方向からの理解も必要だと気づいた――恥から立ち直る力がもっとも強く、自分の価値を信じられる人たち（私は彼らを「偽りのない人々」と名づけた）の共通点は何かということだ。

恥を理解することは、自己肯定感をもって世界に関わる、偽りのない生き方のほんの一要素にすぎない。

拙著『不完全という贈り物』では、偽りのない生き方の10の指標を定義した。それらは偽りのない人々が何をはぐくもうとし、あるいは捨てようとするかを示している。

①自分らしくあるという本来感をはぐくむ――人からどう思われるか気にすることをやめる
②自分自身を慈しむ自己共感をはぐくむ――完璧主義を捨てる
③立ち直る力を培う――感覚をマヒさせることをやめ無力感と手を切る
④感謝と喜びをはぐくむ――欠乏感と闇への怖《おそ》れを捨てる
⑤直感と信じる心をはぐくむ――確実性への欲求を捨てる

⑥創造性をはぐくむ――比較することをやめる
⑦遊びと休息を豊かにする――疲労をステイタスシンボルにしたり、生産性を自己価値としてとらえることをやめる
⑧平静さを培う――ライフスタイル化した不安を捨てる
⑨有意義な仕事に励む――自己不信と「〜すべき」を捨てる
⑩笑い、歌、踊りを豊かにする――「カッコつける」ことや「何があっても取り乱さない」ことをやめる

私はといえば、「偽りのない」生き方については10点中2点という分析結果が出た。個人的にはかなりショックで、ちょうど41歳の誕生日を迎える2、3週間前でもあり、中年期の挫折、いや開眼を体験したのである。偽りなく愛し生きることと、それを頭で理解することとは別のことなのだ。

偽りのない生き方とは、自己肯定感に立って人生に深く関わることである。勇気と思いやり、人とのつながりをはぐくみ、朝目覚めたときに、「何を成し遂げたか、どれだけやり残したことがあるかに関係なく、私はこれでよい」と思うことができ、夜眠りにつくときに、「私は完璧ではないし、弱みがあり、ときには不安にもなる。それでも私に勇気があることや、愛され、居場所をもつに値することに変わりはない」

と思えることである。

この定義の根本には、次のような基本的原理がある。

1. 愛と、ここに私の居場所があるという帰属意識は、老若男女を問わず、すべての人の決して削ることのできない欲求である。人は人とのつながりを求めるよう生まれついている。人とのつながりは生きる意味と目的を与え、愛、帰属意識、つながりの欠如は必ず苦しみを生み出す。

2. 調査で面接した人々を、愛と帰属意識を深く感じている人と、それを求めて苦しんでいる人に分類すると、2つのグループを分ける要素は一つだけだった。「私は愛し愛されている、私には居場所がある」と感じている人は、自分にそれだけの価値があると信じていたのである。彼らは他の人より楽で恵まれた人生を送っているわけではなく、中毒や依存、抑うつなどの問題が少ないわけでもなく、トラウマ、破産、離婚などの経験が少ないわけでもない。ただそうした困難のただ中にあっても、自分は愛と居場所、そして喜びにも値すると信じつづける習慣が身についている。

3. 強い自己肯定感は、ただ自然に生まれるものではない。偽りのない生き方の指標を選び取り、日々、実践することによってはぐくまれる。

4. 偽りのない人の主な関心は、勇気と思いやりと、人とのつながりのある人生を送ることにある。

5. 偽りのない人は、ヴァルネラビリティ（もろさや弱み）を、勇気と思いやりと人とのつながりをもたらすものとしてとらえている。事実、「偽りのない人」に分類された全員に共通するもっとも明確な価値観は、自分の弱みをさらすのをいとわないことだった。仕事での成功、結婚、子育てでの誇らしい思い出などはすべてそのおかげだと彼らは考えていた。

私が「ヴァルネラビリティが人生にどういう役割を果たすのか」を理解できるようになったのは、最近のことである。

だがそれに気づくと、私は大きなジレンマに陥った――自分自身が弱みをさらさずして、どうして弱みをさらすことの大切さを率直に有意義なものとして伝えられるだろうか。かたや、弱みをさらしたりすれば、研究者としての威厳を失《な》くすことになるのではないかと。実を言うと、研究者や学者にとって、親しみやすさは恥のスイッチを押すものなのだ。まだ研究者の卵の頃から、学者は人と距離を保ち、近寄りがたい存在であるのが名誉だと教え込まれているからだ。

素のままの自分をさらけだして、ここに至るまでの支離滅裂な道のりについて話すなどというリスクを自分はおかせるのか。いかれた人間に見えるかもしれない。専門家という鎧はどうなる？

ルーズベルト大統領の言う「果敢なる挑戦」のときが私に訪れたのは、２０１０年6月、ＴＥＤｘヒューストンの講演者として招かれたときだった。ＴＥＤとはテクノロジー、エンタテインメント、デザインなどの分野の「よいアイディアを広めよう」を理念としたイベントを主催する非営利団体であり、ＴＥＤｘヒューストンはＴＥＤをモデルとして作られた数多くの独立団体の一つだ。ＴＥＤもＴＥＤｘも「世界でもっとも魅力的な考えをもち活動をしている人」を招き、18分以内のトークで彼らのライフワークを語らせる。

私がこの挑戦に踏み出したのは、自分自身というより、自分が研究してきたことを信じていたからだ——データから導き出した結論の通り、素の自分をさらすことは私を望んでいる場所へ、いや行くべき場所へ導いてくれるだろうと。だが、その実、これはたいしたことではないのだと自分に言い聞かせていた。「ここはヒューストンよ。

観客といっても地元の人ばかり。最悪のケースでも、会場の５００人とライブ中継を見た数人に、変なやつだと思われるだけなんだから」

トークを終えた翌朝、私は人生最悪の「ヴァルネラビリティの二日酔い」を味わった。目が覚めたと思ったら、自分をさらけだした記憶が洪水のように襲ってきて、頭から布団をかぶってうずくまってしまった。ああ、やってしまった。これで５００人が、私はいかれた人間でトークはつまらなかったと思うだろう。大事なことを２つ言い忘れた。その上、ポイントを強調するためとはいえ、スライドで「挫折」という文字を大写しにするなんて。そもそもあんなことを言わなくてもよかったのだ。ああ、もうこの町にはいられない。

だが逃げ隠れする先はどこにもなかった。トークから半年後、ＴＥＤｘヒューストンのスタッフから、「あなたのトークはＴＥＤ本家のウェブサイトに載ることになりました、おめでとうございます」というメールが届いた。それはすばらしく、光栄なことだとわかっていても、背筋が寒くなった。辛口批評家が跋扈《ばっこ》するこの世の中では、なるべくレーダーに引っかからないよう目立たずに仕事をするほうが安心なのに。

この動画があっという間に世界に広まるとわかっていたら――傷つきやすい生身をさらして生きることの大切さを訴えたことによって、皮肉にも私自身が生身をさらすことになると最初からわかっていたら、あのメールに何と返事をしただろうか。

現在、その動画はＴＥＤのサイトでもっとも視聴回数の多い動画の一つとなり、アクセス数は５００万回を超え、38言語に翻訳されている。だが私自身は一度もアクセスしたことがない。成功したのはうれしいが、いまだに何とも身の置きどころがない気持ちになる。

翌年、２０１１年は、名だたる一流企業をはじめ、リーダーシップ訓練のコーチ、軍人、法律家、子育てグループ、学校など種々の団体への講演で東西南北を駆けずり回り、そして２０１２年、今度はカリフォルニア州ロングビーチのＴＥＤカンファレンス本家で話すことになった。このときは、恥について、また人生に果敢に立ち向かうには、恥を理解し克服する必要があるという話をした。

こうした経緯から、今回、本書を執筆することになった。出版社との打ち合わせでは、ビジネスマン向けにするか子育ての本にするか、教師向けも出すかといろいろ話し合ったが、結局、必要なのは1冊だけだと悟った。どこで誰に向かって語っても、中心的な問題は同じだったからだ。不安、関わる意欲の喪失、勇気への渇望だ。

企業で講演した際には、経営幹部から最前線の社員まで職場の重大な問題点について話してくれたが、その原因は、関わる意欲の喪失、フィードバックの欠如、めまぐるしい変化に対応できない不安、明確な目的意識の欠落にあった。

イノベーションと情熱をふたたび燃えあがらせるためには、仕事に人間性を取り戻さなくてはならない。恥を利用して人を管理しようとするとき、関わる意欲は失われる。失敗が許されないとき、学習、創造性、イノベーションは忘れられていく。

子育てについては、「よい親か悪い親か」という枠にはめたがる困った風潮が蔓延《まんえん》し、子育てを恥の地雷原にしている。本当に親が問われるべきなのは「自分の子どもに一生懸命、関わっていますか？　心を配っていますか？」ということだ。もしイエスなら、たくさん失敗し間違った判断をすることを覚悟しよう。たとえ失敗があっても、それはやがて子どもへのよき贈り物になる。何を間違いどう変えればいいのかを親が懸命に模索するのを、子どもは見ている。完璧な親になり幸せそうな子どもを育てることが、至上命題ではない。もともと完璧というものは存在しないし、子どもを笑顔にするものが、必ずしも彼らを関わる意欲のある勇気ある大人にするわけではないのだ。

学校教育にも同じことがあてはまる。学校で起きている問題はどれをとっても、親・教師・学校当局・生徒たちの関わる意欲の喪失や、一つの目標を決めることをめぐる関係者の対立に原因がある。

私の仕事の一番の困難とやりがいは、地図の製作者であると同時に旅人でもあることだ。

私の地図、すなわち恥からの回復力、偽りのない心、ヴァルネラビリティについての理論は、私自身の旅の経験から引き出したものではなく、10年以上かけて収集したデータ、つまり私をはじめ多くの人々が望むような道を歩んできた人々の体験から引き出したものである。

だが、年月を重ねるにつれ、確かな地図を作った者が必ずしも順調な旅ができるわけではないことがわかってきた。私自身、つまずき、転び、何度もコースを変更しなければならなくなった。描いた地図の通りに進もうとしても、何度もフラストレーションや自己不信に陥り、地図をくしゃくしゃに丸めてゴミ箱に押し込んだ。身もだえするほど「苦しい」から「すてき」への旅は決して楽ではない。しかし私には、どれも価値ある一歩だ。

知ることも大切だが、どのような存在であるかはもっと重要であるというのが、本書のバックボーンとなる考え方であり、これまで各界のリーダー、親、教育者に語ってきたことでもある。今、私たちには自分の存在を示し、生身をさらすことが求められている。果敢に踏み出し、傷つく可能性を受け入れることが必要なのである。

この旅を始めるにあたって、まず現在位置を確かめたい。私たちはどんな壁にぶつかり、どこに向かうべきなのだろうか。手始めとして、「足ることを知らない」という文化について考えていこう。

1章

「いつも何かが足りない」という不安

もう不安に怯《おび》えるのはうんざりだと、誰もが思っている。皆、本当は勇気をもってはばたきたいし、果敢に挑戦したいのだ。

「石を投げればナルシストにあたる」。そんないささかぶしつけな表現が、つい口をついて出たのは、ある講演会で会場の女性から「今どきの子どもって、自分は特別だって思ってるじゃないですか。どうしてこんなにナルシストが増えてしまったんでしょうか」ときかれて、コメントを返したときのことだった。ナルシズムという言葉があまりに安売りされていることに、自分でもうんざりしていたのかもしれない。

「フェイスブックはナルシズムのかたまりだ。自分のしているあれこれが、よくもそんな重大事のように思えるものだ」「今の子どもはみんなナルシスト。いつでもぼくが、ぼくが、ぼくが……」「うちの上司はとんでもないナルシストで、自分が一番すごい、偉いと思って、いつも人をこきおろしている」

ナルシズムの原因は「恥」

一般に、ナルシズムという言葉で傲慢さや失礼な態度までひとくくりにされてしまっているが、研究者たちは実にさまざまな角度から、この概念を検証している。最近、ある研究グループが過去30年間のヒットソングの歌詞をコンピュータで分析したところ、ナルシズムと敵意へと向かう傾向が統計にはっきり表れていたという。「ぼくたち」「私たち」という単語が減って「ぼく」「私」が多用されるようになり、人と人とのつながりや肯定的な感情に関連する単語も減って、「憎む」「殺す」など怒りや反社会的行動に関連する単語が増えている。

この研究に参加したジーン・トウェンギとキース・キャンベルの著書『自己愛過剰社会』（河出書房新社）によると、アメリカでは過去10年間で自己愛性パーソナリティ障害の発生率が2倍以上増加したという。

それは本当なのだろうか。私たちの周りはナルシストだらけなのだろうか。権力、成功、美貌、そして特別な存在になることにしか興味のない、尊大で自己中心的な人ばかりの社会になったのだろうか。たいした貢献をしていないくせに自分を優れた者のように思う人が増え、思いやりや人とのつながりに必要な共感が失われているのだろうか。

もしあなたと私が似た者同士なら、こうつぶやくに違いない。「そうそう、まったくその通り。もちろん、私は別だけど。でも一般論としてはその通り」。

「あの人たち」を非難して「自分はましだ」と思わせてくれる論理には、私たちは気をよくするものだ。実際、ナルシズムが話題になるときは、たいてい軽蔑や怒り、批判などが込められている。かく言う私もこれを書きながら、そんな気持ちになりそうになる。

ナルシストを矯正するには、まず身の程を思い知らせるのがよいと、私たちは思う。教師、親、企業の経営者、近所の人はこぞって言う。「ああいう自己中心主義者には、あなたはちっとも特別ではなく偉くもないとわからせる必要がある」「何様のつもりか」「思いあがるのもいいかげんにしなさい」「誰もあなたのことなどかまっていない」というように。

しかし、多くの人は、**ナルシズムがその大小にかかわらず恥に根ざしている**ことを、ほとんど理解していない。無力さや卑小さを指摘して身の程を知らせることでは、ナルシズムは「矯正」できない。恥は、ナルシズムの原因にはなっても薬にはならないのだ。

「平凡であること」への不安

自己愛性パーソナリティ障害という診断を下したり、ナルシストというレッテルを貼ったりするだけでは、問題の根っこにある原因は見えてこない。だがここで、ヴァルネラビリティというレンズを通してナルシズムを見つめると、恥に根っこをもつ、平凡であることへの不安が見えてくる。本当の自分は、「注目され、愛され、居場所をもち、目的意識を培えるほど、特別なすばらしい人間ではない」という不安である。

そう考えると、ナルシズムの正体ははっきりし、原因だけではなく解決法もわかってくる。**「私はこれでよい」と思えずに苦しむ人が増える原因、平凡な人生には意味がないというメッセージの氾濫**が見えてくる。また有名人をもてはやす文化や野放しのソーシャルメディアの中で育った子どもたちが、いかにそのメッセージを取り込みやすく、歪《ゆが》んだ世界観を抱きやすいかも見えてくる――「私の価値は、フェイスブックの『いいね！』の数で決まる」というふうに。

人は皆、平凡であることへの不安には弱いし、自分のしていることには意味があると信じたい。だがそれはともすれば、特別でありたいという欲求と区別がつかなくなる。セレブの文化のものさしで、自分の生活のみみっちさをはかる誘惑にもかられる。尊大な態度や特権意識、称賛への欲求が、平凡で無力であることの痛みを和らげるような気もしてくる。そうした思考や行動は結局のところ、痛みを悪化させ、人とのつながりを壊していくだけなのだが。

次の３つの視点でこの問題を考えてみよう。

1. この社会の文化に特徴的なメッセージや期待は何か。この文化は私たちの行動にどう影響しているか
2. 私たちの問題や行動は、自己防衛とどう関係しているか
3. 私たちの行動・思考・感情は、ヴァルネラビリティや強い自己肯定感への欲求とどう関係しているか

この社会は自己愛性パーソナリティ障害の人だらけなのか、という最初の質問に戻ると、私の答えはノーだ。むしろ文化の影響が強く、平凡であることへの不安もその一つだと思う。だが問題はさらに根深いところにある。

欠乏感の正体はいったい何か

私の調査のテーマは、もともと目を逸《そ》らしたくなるようなもの、顔を手でおおって「やめてくれ」「考えたくもない」と言いたくなる類のものが多い。たとえば、**「私には～が足りない」というフレーズ**を完成させる設問には、たいていいやな顔をされる。

それでも皆、瞬く間に空欄を埋めてくれるのである。

- 善良さ
- 完璧さ
- スリムな体
- パワー
- 成功
- 頭のきれ
- 確実さ
- 安全
- 特別なすばらしさ

国際的な活動家でファンドレイザーのリン・トゥイストは、著書『ソウル・オブ・マネー』（ヒカルランド）で次のように言っている。

私もそして多くの人々も、朝、目覚めて最初に思うことは「寝不足だ」、その次に「もう時間がない」。まだ足りないという思いは、疑問をもったり分析したりする以前に、ひとりでに浮かんできます。私たちは人生の多くの時間を、自分に足りないものについて聞いたり、説明したり、不満を言ったり、心配したりすることに費やしています……ベッドから起き上がってまだ足が床につかないうちに、すでに不完全だったり、遅れていたり、失っていたり、何かが欠けていたりするのです。夜、ベッドに入る頃には、その日、得られなかったもの、できなかったことが脳裏を駆けめぐる。そんな思いに沈んで眠りにつき、翌朝、目覚めてまた何かの欠けに気づく……この内なる欠乏、つまり欠乏感こそ、嫉妬や貪欲、偏見、人生への不満の根源なのです。

欠乏感（scarcity）は「足ることを知らない」という問題だ。 scarceという言葉は、「数に制限がある」という意味の古フランス語ノルマン方言scarsに由来する。欠乏感は、欠乏が過剰に意識される社会で膨れあがる。安全、愛、金銭、資源などすべてのものに数に制限があって不足しているように感じられ、自分はどれだけもっているか、欲しいか、もっていないか、そして他人はどれだけもっているか、必要か、欲しいかを勘定することに、膨大な時間が費やされるのである。

この絶え間ない査定や比較は、私たちを自滅させる。というのは、私たちは往々にして自分の人生、結婚、家族、地域を、メディアが作りあげたとうてい手の届かないような完璧なイメージと比較したり、自分の現実を、他人はもっと上だろうという自分の想像と引き比べたりするからだ。
ノスタルジーも一種の危険な比較だ。実際の過去とは似ても似つかないものに美化された記憶と、現在の自分や自分の生活とを比較して、「あの頃はよかった」とため息をつくことが、いかに多いことか。

欠乏感は、一夜にして文化に根を張るわけではない。だが比較がすみずみまで根をおろし、関わる意欲が失われてバラバラになった、恥を感じやすい文化の中ではどんどん膨張していく。多くの人が自己肯定感の問題で苦しみ、それが文化を形づくるまでになる。

この10年間で、ここアメリカの精神的雰囲気は大きく変化した。それは研究データだけではなく、私が出会い、面接し、講演した人々の顔にまで表れている。どの時代も生きやすいということはないが、この10年間の出来事は多くの人にトラウマを残し、文化さえも変えてしまった。９・11テロ事件、いくつかの戦争、景気後退、大きな自然災害、無差別暴力事件や学校での銃撃事件の増加は、私たちの安全感覚を打ち砕き、直接、巻き込まれなかった人にまでトラウマを与えた。失業者や定職に就けない人々も激増し、自分自身や身近な人が直接的な影響を受けていない人はいないと言っていいほどである。

いつも何かが足りないという不安感は、文化レベルでのPTSD（心的外傷後ストレス障害）だとも言えるだろう。あまりに耐え難い体験の後で、癒しのために肩を寄せ合うよりも（それにはもろさをさらすことが必要になる）、怒り、怯《おび》え、いがみ合っている状態だ。病んでいるのは、大きな意味での文化だけではない。家庭、職場、学校、地域の文化も同じだ。それらのすべてに共通する公式は、恥、比較、関わる意欲の喪失である。

この欠乏感の三大要素は文化にどう現れるのだろうか。あなたが属している文化や社会システム（教室、家族、地域社会、職場の部署など）を思い浮かべてほしい。

1. **恥**：人を管理し規律を守らせるために、ばかにされることやけなされることへの不安が利用されているか。自己価値が業績、生産性、規則の遵守《じゅんしゅ》に結びついているか。人のせいにしたり責めたりすることが当たり前になっているか。こきおろしや中傷が横行しているか。えこひいきがあるか。完璧さが重視されているか。

2. **比較**：健全な競争なら有益である。だが公然とあるいは暗に、比較やランク付けが常に行われているか。創造性を抑えつけているか。個性的な才能や貢献を認めるよりも、一つの狭い尺度にこだわっているか。ある理想像やあるタイプの才能を、すべての人の価値をはかる基準にしているか。

3. 関わる意欲の喪失：リスクを負うことや新しいことを試すことに不安があるか。体験やアイディアを発表するよりも、黙っておとなしくしているほうが楽か。本気で目を配り耳を傾けてくれる人はいないと感じるか。存在を認めてもらえずに苦しんでいるか。

現代の文化、メディア、社会的・経済的・政治的状況にあてはめてみると、私は声を大にして、「その通り！」と言わざるをえない。

欠乏感に対抗できるのは、豊かさではない。むしろ豊かさと欠乏はコインの裏と表だ。「足ることを知らない」欠乏感の対極にあるのは、充足感であり、「偽りのない心」なのだ。**偽りのない心の中心には、ヴァルネラビリティと自己肯定感がある。確実なものがなく、もろさをさらし、感情的リスクを負いながらも、私はこれでよいと思えることである。**

もし恥や比較が支配する環境で、傷つきやすい生身をさらし、挑戦をする勇気があるかときかれたら、ふつうは「絶対にノー」と答えるのではないだろうか。また、そうした環境で自己肯定感が養われるかといえば、やはり「ノー」だろう。欠乏感の文化における最大の損失は、自分のもろさを認める意思と、自己肯定感の上に立って世界と関わる力である。

もう不安に怯えるのはうんざりだと、誰もが思っている。皆、本当は勇気をもってはばたきたいし、果敢に挑戦したいのだ。

次章では、ヴァルネラビリティについての誤解をとくとともに、勇気は自分の存在を示し、生身をさらすことから始まるということを話したい。

2章

「傷つくこと」について私たちが誤解していること

こうした場面では、生身の自分がむきだしにされる。不確実性に翻弄されるし、とてつもない感情的リスクを負う。それでもリスクを負い、保証がなくても突き進み、生身をさらすことが弱さであるはずがない。

誤解その1
ヴァルネラビリティとは弱さだ

ヴァルネラビリティにまつわる誤解の中で、もっともよくあるのが「ヴァルネラビリティとは弱さだ」というものだ。これはとても危険な誤解でもある。自分のもろさを意識することを避け、感情的だと思われないようにしながら生きていると、他の人が感情をうまく隠せなかったり隠そうとしなかったり、がまんやがんばりがきかないのを軽蔑するようになる。もろさをさらすことの背後にある勇気を認めて敬意を払うことをせず、自分の不安や不快感から人を批判し非難してしまうのだ。

ヴァルネラビリティそのものは善でも悪でもない。暗い感情ではなく、かといって、明るく肯定的な感情ともかぎらない。むしろ、あらゆる感情や気持ちの芯にあたるものだ。感情があるということは、傷つく可能性があるということだからだ。ヴァルネラビリティが弱さだというのなら、感情も弱さだということになる。傷つくことへの不安から感情の扉を閉ざし、人生に目的や意味を与えてくれるものからも遠ざかることになってはいけない。

ヴァルネラビリティを拒絶したくなるのは、不安・恥・悲嘆・悲しみ・失望など、あまり考えたくないような暗い感情を連想するからだ（実はそうした感情は、生き方、愛し方、仕事、リーダーシップに深い影響を与えるのだが）。なかなか理解されず、私自身、10年も研究してようやく理解できたのは、誰もが心から求める感情や体験、つまり愛、帰属意識、喜び、勇気、共感、そして創造性は、傷つく可能性からこそ生まれるということである。

ヴァルネラビリティとは、「不確実性、リスク、生身をさらすことである」と、私は定義している。

たとえば、愛について考えてみよう。あなたが日々愛情を注ぐその人は、必ずあなたを愛してくれるとはかぎらないし、あなたはその人の安全を保障できるわけではない。その人はずっとそばにいてくれるかもしれないし、ある日、何の前ぶれもなく去っていくかもしれない。死ぬまで誠実かもしれないし、明日、裏切るかもしれない――これはヴァルネラビリティだ。愛は不確かで、恐ろしくリスクが高い。誰かを愛するとき、私たちは心をさらけだす。それは怖いことであるし、傷つく可能性もある。それでも、愛し愛されることのない人生など考えられるだろうか。

また、たとえば自分の描いた絵、文章、写真、考えを世に出すとき、それが受け入れられ評価されるという保証はどこにもない――これもヴァルネラビリティだ。

喜びなんてつかの間のこと、あまり有頂天になると悪いことが起きそうだと心の片隅で思いながらも、喜びに浸る――これもヴァルネラビリティの一つのかたちだ。「感情がある」ことと弱さを同一視するのは、とても危険だ。感情を許容できないと、傷つく可能性も許容できなくなる。

人生の大切な感情的側面を取り戻し、情熱と目的意識をふたたび燃え立たせたいのなら、**傷つく可能性と向き合い、それにともなう感情を感じられるようになる必要がある。**

その第一歩として、ヴァルネラビリティを定義し、認識し、理解することから始めよう。

次にあげるのは、「(あなたにとって) ヴァルネラビリティとは?」という設問の回答例である。ヴァルネラビリティの定義を身近なものとして感じていただくために、参考にしてほしい。

- 一般受けしない意見を言うこと
- 自分の立場を主張すること
- 助けを求めること
- 「ノー」と言うこと
- ビジネスを立ち上げること

・妻をセックスに誘うこと
・夫をセックスに誘うこと
・オーケストラの首席奏者になりたいという息子を、たぶん無理だとわかっていながら、がんばれと励ますとき
・子どもをなくしたばかりの友人に電話をかけるとき
・自分の親のホスピス入所手続きにサインをするとき
・離婚後、初めてデートをするとき
・「愛している」と告白したが、向こうの気持ちがわからないとき
・自分の書いた文章や自分のてがけた作品
・昇進したが、成功する自信がないとき
・会社をクビになること
・恋に落ちたとき
・新しいことに取り組むこと
・新しいボーイフレンドを家に連れていくこと
・3度、流産した後で、妊娠したとき
・生体検査の結果を待っているとき
・つらい離婚をした息子に声をかけること

- 自分の不安を認めること
- 何度も三振した後、バッターボックスに入ること
- 社員をリストラするとき
- 新製品に何の反応も返ってこないとき
- 批判やうわさに毅然《きぜん》として立ち向かうとき。自分のことでも友人のことでも
- 責任を引き受けること
- 謝罪すること
- 信じること

これらの回答に、弱さは感じられるだろうか？　つらい境遇の人に寄り添おうとすることや、責任を引き受けようとすることや、三振の後にバッターボックスに向かうことは弱さの表れではない。そこには真実の響きがあり、勇気を感じさせる。**真実や勇気は必ずしも心地よいものではないけれど、弱さとはまったく別物だ。**

たしかにこうした場面では、生身の自分がむきだしにされる。不確実性に翻弄されるし、とてつもない感情的リスクを負う。それでもリスクを負い、保証がなくても突き進み、生身をさらすことが弱さであるはずがない。

「ヴァルネラビリティをどのように感じますか」という質問にも、インパクトのある

回答が返ってきた。

- 仮面をはずした本当の自分が、あまりに期待はずれでありませんように、という気持ち
- 勇気と不安の出会うところ
- 綱渡りの途中で、先に進むのも怖いし引き返すのも怖い
- 手には冷や汗、心臓はバクバク
- 怯《おび》えと興奮、恐怖と希望
- 高い枝の上にいるような危なっかしい気分
- 一番怖いものに向かって、最初の一歩を踏み出す
- すべて出し尽くす
- 戸惑いと怖《おそ》れ。それでも生き生きとして人間らしい
- 胸がしめつけられるような、何かがつかえているような感じ
- ジェットコースターで頂点から急降下するときの気分
- 自由と解放
- パニック、不安、恐怖、極度の興奮に続く自由、誇り、驚嘆。その後で少しのパニック

・敵の前で無防備に身をさらす
・どうしようもなく怖く、どうしても必要でもある
・やられる前にやらなければという気持ち
・銃声がしてから、弾にあたるかどうかわかるまでの時間のよう
・コントロールすることを放棄する

ヴァルネラビリティを分析するときに、くり返し出てくるキーワードがある。それは、「裸になる」だ。

・裸でステージに立ち、嘲笑ではなく称賛を望むようなもの
・全員、服を着ているのに、自分だけが裸
・なぜか素っ裸のまま空港に立っているという夢のよう

ヴァルネラビリティ（vulnerability）という言葉の定義と語源をたどると、理解しやすいかもしれない。メリアム・ウェブスター英英辞典によると、語源はラテン語で「傷つける」という意味の“vulnerare”で、定義は「傷つきかねない」「攻撃や損傷を受けやすい」ことである。一方、弱さ（weakness）の定義は、「攻撃や損傷に耐えら

れないこと」。ヴァルネラビリティと弱さとでは、言語学的概念がまったく違うだけではない。ヴァルネラビリティを否定することは、弱さの原因にもなる。**自分のどこがどのようにもろいのかを認識しないと、傷つく危険性が高くなるのである。**

もろさや弱みを認識することの大切さについては、説得力のある証拠がある。たとえば健康心理学では、自分の内的・外的リスクを認識していると、健康法を実践する可能性が著しく向上することがわかっている。おもしろいことに、問題は実際の内的・外的リスクのレベルではなく、リスクをどれだけ認識しているかなのだという。

社会心理学の分野でも、自分は誇大広告にだまされにくいと思っている人こそ、もっともだまされやすいという調査結果が出ている。「弱みはないという思い込みは、有効な盾になるどころか本当の防壁となる反応を鈍らせる」のだという。

私がこれまでのキャリアでもっとも不安な体験をしたのは、「はじめに」でふれたように、ロングビーチのTEDカンファレンスでのトークだった。TEDカンファレンスの聴衆といえば社会的エリートで、高い期待を抱いてやってくる。そんな彼らを前に、ビデオ撮影されながら18分間のトークをするのは、ただでさえ身の縮む思いなのだが、その上、私はトリをつとめることになっていたのだ。

出番まで3日間、それまで聞いたことのないような刺激的で驚きのあるトークを客席で聞きつづけた。

一つ終わるごとに、私はだんだんうなだれていった。モデルか下敷きにできそうなトークを探してはみたが、結局、私の心に響いたトークに共通していたのは、真実が感じられるということだけだった。ということは、私は私でいるしかない。傷つくかもしれないけれど、ありのままでやるしかないのだ。台本を捨て、まっすぐ聴衆の目を見て、裸になる覚悟をして。

いよいよステージに踏み出したとき、最初にしたのは会場の何人かとアイコンタクトをとることだった。彼らとのつながりを感じたかったのだ。ただの「聴衆」ではなく「人」として向き合うと、今、私が怖れていること——裸になること——は誰にとっても怖いことだと気がついた。

また会場にいる夫やテキサスにいる妹たち、生中継を見ている友人たちのことを思った。この3日間で思いがけなく学んだことも勇気をくれた。ここで出会ったほとんどの人々は、自分の失敗をざっくばらんに話し、うまくいかなかった発明や冒険を2つも3つも話してくれたのだ。

最後に、深呼吸して「ヴァルネラビリティの祈り」を唱えた——ありのままの私をさらす勇気を与えてください、と。一瞬、私のデスクの文鎮に刻まれた「もし絶対に失敗しないとわかっているなら、何をしたいか?」という言葉が脳裏をよぎった。だが、それを振り払い、こうつぶやきながらステージの中央へと歩き出したのだ。「たとえ失敗しても、やる価値のあるものは何か？」

トークでは、ヴァルネラビリティのパラドックスを浮き彫りにするために、2つの質問をした。まず「ヴァルネラビリティとは弱さのことで、無防備な自分をさらすのは難しいと思う人はどのぐらいいますか？」と問いかけると、会場のあちこちで手があがった。次に「他人が無防備な自分をさらすのを見て、勇気があると思う人はどのぐらいいますか？」とたずねると、やはりたくさんの手があがった。

私たちは他人がありのままの真実の姿をさらすことは歓迎するが、自分がそうすることは不安なのだ。自分の真の姿に不足があるのを怖れている——あれこれ飾り立て、じょうずに編集しないと、とても見せられないぐらいみすぼらしいと。私もステージに出て、名声も地位も実力もある人たちに「普段着の私」を見せるのが怖かった。普段着の私は見栄えがしないし、欠点だらけで、口から何が飛び出すやらわからないのだから。

つまり、こういうことなのだ。

「無防備なあなたを見るのはいいが、無防備な私はさらしたくない」

「あなたが弱みを隠さないのは勇気のある行為だが、私は弱みを隠さないとまずい」

「生身をさらすあなたには惹《ひ》かれるが、生身をさらす私にはぞっとする」

翌朝、またしてもヴァルネラビリティの〝二日酔い〟に陥った。リスクをおかす価値はあったのか？　もちろん、あった。調査の参加者から学んだことを確信しているし、ヴァルネラビリティや恥を率直に話せるようになれば、世界は変わると信じている。これまでの2回のトークはどちらも稚拙で不充分だったかもしれないけれど、私は競技場に立ち全力を尽くしたのだ。

あえて身をさらす勇気は人を変える。そのたびに少しずつ強くなれる。何を基準にしてトークの成否をはかるのかわからないが、トークを終えた瞬間、たとえこれが失敗でも批判を浴びても、挑んだ価値は充分にあったと思えたのである。

痛ましい体験をした友人に電話をかけるとき、事業を立ち上げるとき、恐怖を感じるとき、何かから解放されるとき、傷つく可能性を受け入れるのには、大きな勇気がいる。

「すべて出し尽くせるか？　自分が生身をさらすことを他人がそうすることと同じぐらい価値あるものと思えるか？」。その問いにイエスと答えることは弱さではありえない。かぎりなく勇気のいる挑戦だ。その結果は必ずしも勝利のマーチではないが、戦いの疲れが少し入り混じったおだやかな自由の味がする。

誤解その2
私には関係ない

ニューベリー賞受賞作家のマデレイン・レングルの言葉に、次のようなものがある。
「子どもの頃は、大人になれば傷つかなくなるだろうと思ったものです。ところが大人になるとは、傷つく可能性を受け入れることなのです。生きるとは生身をさらすことなのですから」

「ヴァルネラビリティ？　興味深いテーマですね。でも私には関係ない」と何回言われたことだろう。性別や職業が引き合いに出されることもある。「私はエンジニアなんで、脆弱性《ヴァルネラビリティ》は敵なんですよ」「男には関係ない」など。私はエンジニアでも男性でもないが、かつては同じようなことを何度も口にしていた。

だが残念ながら、人はヴァルネラビリティから釈放されることはない。日常生活に織り込まれた不確実性、リスク、生身をさらすような事態から逃れることはできない。**生きるとは、傷つく可能性があるということなのだ。**

先にあげた具体例は、親しい関係や人とのつながりにまつわる困難が多かったが、たとえ親しい関係をもたず人とのつながりを絶ったとしても、**生きているかぎり傷つく可能性にはつきまとわれる。**「自分には関係ない」と思う人は、次の質問に答えてみよう。自分ではよくわからないという人は、誰か近しい人にきけば、（こちらが聞きたくなくても）答えてくれるだろう。

1.「私は心が傷つきそうなとき、どんなことをするか？」
2.「不快なときや不安なとき、私はどういう行動をとるか？」
3.「私は感情的リスクを負うことをいとわないか？」

この研究を始める前の私が正直に答えたとしたら、こうなる。

1. 怖れる、怒る、批判する、コントロールしようとする、隙をなくそうとする、確実な保証をでっちあげる
2. 怖れる、怒る、批判する、コントロールしようとする、隙をなくそうとする、確実な保証をでっちあげる
3. 仕事では、批判や非難を受けたり恥をかいたりする可能性のあることには尻込みする。愛する人々に関わることでは、何か悪いことが起きることを怖れて、

立ちすくんでしまう

私たちがヴァルネラビリティと関わろうとしようがすまいが、向こうは避けてくれない。不確実性やリスク、生身をさらすような事態に巻き込まれるかどうかは選べない。選べるのは、いざ直面したときにどう対応するかということだ。

「関係ない」と思い込んだときにやりがちな意識的あるいは無意識的な自己防衛については、4章でさらに詳しく扱うつもりだ。

誤解その3
ヴァルネラビリティとは洗いざらいさらけだすことだ

「洗いざらいさらけだす」風潮をめぐって、よく質問を受ける。「生身をさらすといっても、度が過ぎていませんか。そこまでやらなくてもいいのでは？」「映画スターの○○が夫の自殺未遂についてツイッターでつぶやくことや、テレビ番組で、一般人が自分や自分の子どもの生活を世間に露出するというのはどうなんです？」

ヴァルネラビリティは互いの信頼関係に基づくものなので、境界線を必要とする。過剰に露出したり、何もかも吐き出したり、見境なく公開することではない。それを聞く資格のある人だけに自分の気持ちや体験を打ち明けるということなのだ。また一方的にではなくお互いに心を開いて素の自分を見せることで、信頼を築くのに欠かせない。

人に何かを打ち明けるとき、いつでも安全が保証されているとはかぎらない。だから私たちは、出会ったその日に心の奥底までさらけだしたりしない。「私はブレネー。よろしくね。私の一番暗い体験、聞いてくれる？」とは言わないだろう。

話の重みに耐えられるような関係を築けた相手に、互いを尊重しながら真実を打ち明けるとき、絆と信頼と関わりはいっそう深くなる。

一方、境界線を見失うと、つながりが切れたり、信頼や関わりを失うことになる。4章で詳しく説明するが、見境なく「何もかもさらけだす」ことは、逆に、本当の自分を知られるのを防ぐ自己防衛の手段にすぎない。自分をさらし者にすることによって満たされない欲求を満たそうとしたり、注目を浴びようとしたりするのは、ヴァルネラビリティとはおよそ似ても似つかない。

ワークショップなどで、素のままを見せることの大切さを話すと、信頼の必要性にまつわる質問がたくさん出る。

「弱みや隙を見せてもだいじょうぶだって、どこでわかるんですか」
「裏切られないという確信がないと、無防備にはなれません」
「その人が裏切らないかどうかを、どうやって見分けるんですか」
「どうすれば信頼関係を築けるんでしょうか」

ありがたいことに、その答えはデータが教えてくれる。だが困ったことに、これはニワトリと卵の問題である。信頼しないと無防備にはなれないし、ありのままの自分をさらさないと信頼関係は築けない。

信頼はテストしたり採点したりすることができないし、生身をさらしても安全だと知らせてくれる青信号もない。私の調査の参加者たちは、**信頼は時間をかけて一つずつ積み上げていくもの**だと説明してくれた。わが家では、信頼を「ビー玉のびん」にたとえている。

娘のエレンは小学校3年生のときに、生まれて初めて裏切りを経験した。その日の朝、エレンはちょっとこっけいで恥ずかしい体験をして、休み時間にそれをクラスメイトの一人に打ち明けた。ところが昼休みにはそれがクラスの女子全員に知れわたっていて、からかわれたのだ。それまで裏切られることなど考えもしなかったエレンにとって、とても苦い、だが貴重な経験だった。

帰宅すると、エレンはわっと泣き出して、もうこれからは誰にも何も話さないと言った。とても傷ついたのだ。私も胸が痛んだ。この話には続きがあって、クラスの女子は教室に戻ってからもゲラゲラ笑いつづけていたので、先生は彼女たちを引き離し、ビー玉のびんから、ビー玉をいくつか取り出したという。

エレンの教室には、大きな透明のガラスびんが置いてある。びんの横には色とりどりのビー玉が入った袋があって、先生はクラスの子どもたちがよいことをしたときにはビー玉をびんに入れ、暴れたり規則を破ったり、話を聞かなかったりしたときには、ビー玉をびんから取り出すことにしていた。そして、びんの口までビー玉が貯まったら、ごほうびにお祝いパーティをするのだ。

私はエレンを抱きしめて、思わず「その子たちにはもう何も話さないほうがいいわ。二度とこんな目にあわないように」と言いそうになった。だがしばし不安と怒りを抑え、信頼や人とのつながりについて教える機会にしようと思った。そして、どうかみ砕いて説明しようかと考えるうちに、このビー玉のびんに思い当たったのだ。

「ねえ、エレン、友情はビー玉のびんみたいなものなの」と私は言った。「助けたり、やさしくしたり、味方になったり、ちゃんと秘密を守ったりしたときには、ビー玉がびんに入る。でも意地悪したり、失礼だったり、秘密をばらしたりすると、ビー玉は取り出されるの。わかる？」ときくと、エレンはうなずいた、そして目を輝かせてこう言った。「あたし、ビー玉のびんの友だちがいるよ！」

それはどういう友だちのことかときくと、いつでも頼りになる友だちが4人いて、その子たちは秘密をばらしたりしないし自分の秘密も打ち明けてくれるという。「人気のある子に誘われても、あたしと同じテーブルに座ってくれるの」

「どうやってそういう友だちになれたの？」とたずねると、ちょっと考えて「よくわかんない。ママは？」ときいてきたので、少しのあいだ、2人で考えた。

エレンがあげた条件は、次のようなものだった。

- 秘密を守ってくれる
- 秘密を打ち明けてくれる
- 誕生日を覚えていてくれる
- うちのおじいちゃんやおばあちゃんのことを知っている
- 何か楽しいことをするとき、必ず仲間に入れてくれる
- 悲しいときに、「どうしたの？」ってきいてくれる
- 病気で学校を休んだとき、自分のお母さんに頼んで「具合はどう？」ってきいてくれる

私が考えたこともほぼ同じだった。

信頼は、ビー玉1個分ずつ積み上げられていくのだ。

ニワトリと卵のジレンマがあるのは、最初に信じて投資をする段階だ。先生は「みなさんがよいことができるとわかるまで、びんもビー玉も買いません」とは言わなかった。始業式の日から、びんはあった。事実、その日のうちに、びんの底はビー玉で埋まった。クラスの子どもたちも「先生がビー玉をびんに入れてくれるかどうかわからないから、いいことなんてしない」とは思わなかった。先生の約束を信じて懸命に励んだのだ。

私が尊敬するカップル研究の第一人者ジョン・ゴットマンがカリフォルニア大学バークレー校のウェブサイト「グレイター・グッド」に寄せた次の一文は、私が研究から学んだことや「ビー玉のびん」と同じことを教えている。

研究を通してわかったのは、**信頼はほんのわずかな瞬間に形成される**ということである。私はその瞬間を映画『スライディング・ドア』にちなんで「スライディング・ドアの瞬間」と名づけた。どんな相互作用にも、パートナーとの結びつきを深める可能性と相手が背を向け離れていく可能性が潜んでいる［訳注：映画『スライディング・ドア』では、地下鉄のドアが開いて主人公が乗車できた場合と、ドアが閉まって乗車できなかった場合の2つのストーリーが同時進行する」。

これはわが家の話だが、ある晩、私はその夜のうちにミステリー小説を読み切ろうと決めていた。犯人の目星がついたので、早く確かめたかったのだ。途中、トイレに行きたくなったので、小説をテーブルに置いて、洗面所に向かった。

すると、髪をとかしている妻の悲しげな顔が鏡にうつって見えた。ここが「スライディング・ドアの瞬間」である。

「今夜は妻の悲しみにつきあいたくない。あの小説を読み終えたい」と、忍び足で立ち去ることもできただろう。しかし人間関係の研究者たるもの、そういうわけにはいかない。私は彼女に近づき、やさしく手からブラシを取りあげて、「何かあったのかい？」ときいた。すると彼女は悲しみのわけを話してくれた。

この瞬間に、信頼は形成された。私は自分のしたいことだけを考えるのではなく、妻のそばにいて、つながることを選んだ。信頼はこうした瞬間に築かれるのである。

1回きりのことならそれほど影響はないかもしれない。だが毎度のように背を向けるほうを選んでいると、信頼はじわじわと崩壊していくのである。

「裏切り」という言葉から私たちが連想するのは、だます、嘘《うそ》をつく、秘密をもらす、悪いうわさを立てられたときに味方してくれない、他の人を選ぶことなどだ。ビー玉のびんのたとえで言うと、びんを逆さにして中身を全部捨てたくなるほどひどい仕打ちをされることを思い浮かべる。彼が私の親友と寝た、お金の使い道で嘘をついた、私の弱みにつけ込んだ（これはただビー玉をぶちまけるだけでなく、びんごと地面にたたきつけたくなるような背信行為だ）。たしかにどれもひどい裏切りだが、もっとひそかに進行し、同じぐらい信頼をむしばむ裏切りが存在する。

それは「関わる意欲の喪失」、つまり**関わろうとしなくなるという裏切り**で、たいてい他のタイプの裏切りのはるか前から始まっている。心を向けない、ほったらかしにする、時間や労力を注ごうとしない。調査でもっとも頻出し、もっとも信頼関係をむしばむ裏切りを一つあげるとしたら、「関わる意欲の喪失」だ。

愛する人や強い絆で結ばれた関係にある人が、心を向けてくれなくなる、注意を払ってくれなくなる、時間や労力を惜しむようになる、２人の関係を守る努力をしなくなるといったとき、信頼は指のあいだから砂がこぼれていくように崩れていき、痛みがじわじわと広がっていく。

関わる意欲の喪失は恥のスイッチを押し、見捨てられる・価値がない・愛されていないという三大不安をかきたてる。このひそかな裏切りが嘘や浮気よりも怖いのは、苦痛の原因を具体的に示すことができない点である。何も起こっていないし、目に見えるような破綻の証拠もない。

「もう、どうなってもいいのね」と無関心なパートナーに言ったところで、「証拠」がないので、「ぼくは毎晩6時に家に帰ってきて、子どもを寝かしつけている。リトルリーグの練習の送り迎えだってしている。それ以上、いったい何を望むんだ」と言われるのが関の山だ。職場なら「どうしてフィードバックがないんだ？　いいとかダメとか言ってくれ！　ここにおれがいるのを忘れていないとわからせてくれ！」と叫び出したくなるかもしれない。

子どもなら、言葉よりも行動で表現する。「今日はどうだった？」「今は何の歌が好き？」「友だちの○○くんはどうしてる？」というような、子どもの世界を知ろうとする努力を少しでもしなくなると、子どもは傷つき不安になる（たとえ反抗期の10代の子どもでも）。だがその気持ちを言葉でうまく表現できないので、「こうすれば振り向いてくれる」と、問題行動を起こすのである。

裏切りは信頼と同じように、1回にビー玉1個分ずつ、じわじわと積み重なっていく。目に見えるような「大きな」裏切りが起きるのは、たいてい、関わりが薄れ信頼が徐々に崩壊した後なのである。

信頼は生身をさらすことによって生まれ、時間をかけ、手間をかけ、気にかけ、関わることによって育っていく。信頼は大がかりなことをやってみせることではなく、ビー玉を1個ずつ貯めていくようなものなのである。

誤解その4

一人でやれる

「一人でやれる」というのは、アメリカで高く評価される価値観で、皮肉なことにこれは人とのつながりをはぐくむ場面にまでしゃしゃり出てくる。かく言う私も個人主義がDNAに刻み込まれた人間で、ヘヴィメタルバンド、ホワイトスネイクの「ヒア・アイ・ゴー・アゲイン」の「さあ、また一人で歩き出そう。さすらい人のように、ただ一人行くよう生まれついているのさ」という歌詞が大好きだ。現実には、ひとりぼっちで歩くのは惨めで気が滅入ることかもしれないが、そこに漂う強さに魅了されるのだ。

ところがヴァルネラビリティの旅は、決して一人で歩いていける道ではない。誰かの支えが必要だ。新しい挑戦をするときに批判をせずに見守ってくれる人、リングの上で蹴り倒されたとき、手を差し伸べて助け起こしてくれる人が必要なのだ。調査の参加者は一貫して、傷つく可能性や自分の感情と向き合うためには、誰かの支えや励まし、場合によっては専門家の支援が必要だと断言している。

拙著『不完全という贈り物』に私はこう書いた。「心を開いて受けることができて初めて、本当の意味で開かれた心で与えることができる。人の助けを受けることに何らかの批判を感じるなら、助けることについても、意識的にしろ無意識にしろ、批判を感じているのだ」

人の助けを必要としない人はいない。私が今あるのも、共に歩んでいる夫、友人、家族の励ましがあってこそのことである。鎧《よろい》をぬいで素の自分をさらすとき、人も素の自分をさらしてくれる。その勇気は人から人へと広がっていくのだ。

私の場合も、一人の人間として、専門家として一番大きく変わったのは、弱みをさらすことへの怖れがどれだけ自分の成長を阻んでいるかを見つめ直し、勇気を出して悩みを打ち明け、助けを求めたときだった。傷つく可能性から逃げつづけてきた私にとって、不確かさやリスクや生身をさらす不快感を受け入れるのは容易ではなかった。

私は傷つく不安を封じ込めることができると思い込み、そういう場面――突然の電話で思いがけない知らせを聞いたとき、怯えているとき、強く愛するあまり感謝して喜ぶよりも失うことを警戒するとき――になると状況をコントロールしようとした。采配を振り、細かいことまで指図し、何かを感じるエネルギーがなくなるまで動き回り、不確実なことを確実にするために、あらゆる代価を払った。ひたすら忙しくすることで、心の痛みや不安にとりつかれないようにしていた。はためには気丈に見えただろうが、内心は怯えていたのである。

だが身を守るためとはいえ、そんなに重たい盾をかかえて歩きつづけることはできないと、だんだんわかってきた。この盾は、私の本当の姿が知られるのを防いでいるだけなのだ。欠点や弱みが目につかないよう盾の後ろでじっと身を潜めるうちに、私はヘトヘトに疲れてしまった。

そんな中で、陽《ひ》だまりの中にいるような瞬間があった。ある日、夫と私は床に寝そべって、まだ幼かった娘のエレンが手を振り膝をたたいてでたらめなダンスをしたり、コテンとひっくり返ったりするのを眺めていた。私は夫に「ねえ、おもしろいよね。あの子はあんなふうに無防備で、やりたい放題で、ばかみたいなことをしてるのに、だからこそかわいいの。そんなふうに愛されるって、どんな感じなのかな」と言った。彼は私の目を見て、「ぼくはそんなふうに君を愛しているよ」と答えた。

人に弱みを見せず、くだらない人間と思われないよう必死につとめてきた私には、大人でもそんなふうに愛し合えるとは思いもよらないことだった。

愛され支えられることによって（とくに夫とセラピストのダイアナから）、私は少しずつ職場や家庭でリスクを負い、自分を見せ、新しいことに挑戦できるようになった。また境界線を引いて「ノー」と言えるようになった——友人を怒らせるのではないか、仕事のチャンスをふいにして後悔しないかと不安がよぎるときでも。だがこれまでのところ、「ノー」と言って後悔したことは一度もない。

ルーズベルト大統領の「競技場に立つ人」のスピーチに戻ると、私を愛してくれる人々、私が心から信頼する人々は、私がつまずき転ぶときに、後ろ指を指して批判したりしない。彼らは観客席にいるのではなく、一緒に競技場に立ち、私のために、共に戦ってくれる。

観客席の反応によって自分の価値をはかるのはつまらないことだと気づいてから、私の人生はがらりと変わった。私を愛し、私のしたことの結果がどうあろうと離れない人々は、手を伸ばせば届くところにいる。その気づきがすべてを変えたのだ。

私は今、そういう妻、母親、友になろうと努力している。わが家を、もっとも勇気ある自分になることができ、不安な自分を出せる場所にしたい。学校や職場で体験した恥を打ち明け、話しにくい話ができるような場所に。夫や子どもの目を見て、こう言いたい。「私がついているよ。一緒に競技場に立っている。失敗するときも一緒よ。勇気ある挑戦をしながらね」

私たちは決して自分の力だけでは、生身をさらし勇気をもって歩みだすことはできない。最初の、そして最大の果敢なる挑戦とは、助けを求めることなのかもしれない。

3章

「恥」という グレムリンを退治する

恥は、恥ずかしくて口に出せないという気持ちをエネルギー源とする。だから恥は完璧主義者が大好きだ——彼らを黙らせるのは造作もない。だが、もし恥についてよく知り、名前をつけ、語りかけるなら、根っこを断ったようなものだ。恥は言葉につつまれるのが大嫌いなのである。グレムリンが日光にさらされると死ぬように、恥も言葉にして表現されると、みるみる枯れていく。

恥を克服するための「闇の魔術への防衛術」

昨年のことだった。「偽りのない家庭」について講演をした後で、一人の男性がステージに近づいてきた。「お礼を言いたくて」と言われて笑顔で握手したが、彼は床に視線を落とし、涙をこらえているように見えた。

男性は深く息をつくと「最初は来たくなかったんです。無理やり、家内に連れてこられました」と言った。

「なぜ家内が夢中になるのか理解できなかった。何で木曜の夜に、よりにもよって恥の研究者の話を聞かなくちゃならないんだって」。そして一呼吸置くと、彼はこう言った。

「『ハリー・ポッター』はお好きですか?」

私は一瞬、固まったまま、それとこれとのあいだに何の関係があるのか思いめぐらしたが、結局わからず、「ええ、大好きですよ。全巻、何度も読み返して、映画も見ました。でもどうして?」と答えた。

彼は少し決まり悪そうに「あなたのことを何も知らなかったもので、スネイプをイメージしていたんです。恐ろしげで、全身黒づくめで、心がざわつくような低い声でゆっくりとしゃべり……まるで世の終わりが来るような」

私は笑いすぎて、飲みかけの水でむせてしまった。「スネイプは大好きですよ。似てると思われたいかどうかはともかく」

ひとしきり笑った後、彼が「お話は身にしみましたよ。とくに闇への怖《おそ》れのくだりが。光のスライドに出てきたあの言葉、何でしたっけ？」と言った。

「あれは私の好きな言葉です。**『勇気を出して闇の中を進もうとするとき、初めて光の無限の力を知る』**」

彼はうなずいた。「それです。最初、来たくなかったのは、闇が怖かったからだった。しかし、向き合ってこそ自由になれるんですよね。私は子どもの頃、たくさん恥を味わいました。だから3人の子どもたちには同じ思いをさせたくない。自分はこれでいいと思ってほしいし、話しにくいことを話すのを怖れないでほしい。恥から立ち直れる人間になってほしいんです」

2人とも涙で目が潤んできた。私は両腕を広げて、彼に激励を込めたハグをした。その後、彼はこう言った。「弱みをさらすのは苦手なんです。恥なら慣れっこなんですが。恥を克服しないと、素の自分をさらせるようにはならないんでしょうか」

「そうです。恥からの回復力は、傷つく可能性を受け入れる鍵なんです。人からどう思われるかを怖れていたら、素の自分をさらすことはできません」

それを説明する言葉を探すうち、『ハリー・ポッター』のある場面に思い当たった。

「ハリーが、自分はいつも怒りや暗い感情をかかえ込んでいるから、悪い人間なのかもしれないと悩んでいたところを覚えていますか」と私はきいた。

「もちろんですとも。シリウス・ブラックと語り合う場面ですね。あれこそ、この物語のテーマですよ」と彼は熱を込めて答えた。

「そうなんです。シリウスはこう言いましたよね。君は悪い人間なんかじゃない。たまたま悪いことが起きてしまった、よい人間なんだよ。それに世の中は善人か死喰《しく》い人かに分かれているのではない。誰もが光と闇を心にかかえている。大事なのは、どちらを選ぶかだ。それで本当の君が決まる、と。

私たちは皆、恥をかかえています。善も悪も、闇も光も。でもそれを受け入れられないと、自分は悪い、欠陥のある人間だと思うようになります。さらに悪いことに、その思い込みを前提にして行動するようになるのです。**深い関わりやつながりを求めるなら、素の自分をさらさなくてはなりません。**そのためには、恥からの回復力をつける必要があるんです」

礼を述べて、彼は去っていった。そして途中で振り向くと、「あなたはスネイプじゃない。『闇の魔術への防衛術』の最高の先生ですよ！」と大きな声で言った。

読者の中には『ハリー・ポッター』の本も映画も見たことがない人がおられるだろうから、このあたりにしておこう。ただ作者J・K・ローリングの並外れた創造力のおかげで、恥についておもしろく楽に教えられるようになったということは付け加えておきたい。『ハリー・ポッター』は、光と闇との戦い、主人公の心の成長、傷つく可能性を受け入れることや愛が本当の勇気のしるしであることを教えてくれる、優れた寓話《ぐうわ》だ。まだ名前がついていない感情や体験を説明し定義することを生業としている私にとっては、教材に使える人物やモンスター、イメージがつまった宝箱なのだ。

私は最初から熱烈な「恥」の伝道者になるつもりだったわけではない。だが恥がどれだけ私たちの生き方、愛し方、子育て、仕事、リーダーシップをむしばむかを知ってからは、声をからしてこう訴えている。「たしかに恥について話すのはつらいでしょう。でも沈黙のほうがよっぽど危険なのです。恥を経験しない人はいません。自分の恥を話すのは誰でも不安です。でも口を閉ざすほど、恥は膨らんでいくのです」

勇気ある挑戦をするには、傷つく可能性を受け入れなければならない。だが恥に怯《おび》え、人にどう思われるかを気に病んでいては、生身はさらせない。

たとえばあなたが、自分の作品や文章を友だちに見せるとしよう。それは傷つく可能性もあるが、熱意ある「偽りのない」生き方の表れでもある。いわば果敢なる挑戦の縮図だ。ところがその人の育ち方や世界への関わり方によっては、意識的または無意識のうちに、作品の評価と自己価値を結びつけてしまうことがある。もしすばらしい作品だと言われれば自分には価値があるが、そうでなければ自分には価値がないと。その場合、次のどちらかの反応をするだろう。

1. 自分の価値と作品の評価が結びつくと思うと、人に見せようとしなくなる。見せるにしても、リスクを減らすために、みずみずしい独創性や斬新さをいくぶんそぎ落としてしまう。心のままに生み出したものを差し出すのは、あまりに大きな賭けだから。

2. 独創性をそぎ落とさずに見せたとしても、期待通りの反応が返ってこないと、ぺしゃんこにつぶれてしまう。作品がダメなら自分もダメ。フィードバックを求めたり、再挑戦したり、一からやり直すということもなく、心を閉ざしてしまう。「だからやめておけばよかったのに」と恥が耳元でささやく。「あなたでは無理だ、身の程をわきまえるべきだった」と。

では、高く評価された場合はどうなのか。個人的経験から、また専門家としての経験から言わせてもらうと、もっとややこしいことになる。**自分の価値を他人の評価に**

ゆだねたとき、恥はあなたの人生をのっとり支配するようになる。初めのうちは評価を心地よく感じるかもしれないが、「有能であれ、完璧であれ、人を喜ばせよ」という呪縛から逃れられなくなるだろう。

だが恥とは何かを知り、恥から立ち直るスキルを身につけたら、シナリオは大きく変わる。作品が愛され、評価され、称賛されることを期待するところまでは同じでも、自己価値まで引き渡したわけではない。自分の価値は、1枚の絵やアイディアやアマゾンのランキングでは決まらないとわかっている。もちろん、友人や仲間から冷めた反応をされたときやうまくいかないときは、やはり落胆するし、つらい。それでも、それは作品の問題であって、自分に問題があるわけではない。結果はどうあれ、果敢に挑んだのだ。そしてそれは自分のなりたい自分、自分の価値観と一致することなのである。

自己価値が左右されないときには、私たちは能力や才能をもっと大胆に発揮でき、リスクをいとわなくなる。家庭、学校、企業を調査してわかったのは、恥から立ち直る文化のあるところでは、積極的にフィードバックを求め、受け入れ、取り入れる人が育つということだ。

成功するまで何度でもやり直す、熱意ある粘り強い人、革新的で創造的な仕事をする人が、成長する人なのである。

自己肯定感があると、人は傷つく可能性を受け入れ、率直に表現し、壁にぶつかっても耐え抜くことができる。一方、恥は人を萎縮させ、恨みがましくし、不安にさせる。親やリーダーや管理者が、意識的にしろ無意識にしろ人の価値と成果を結びつけているような、恥を感じやすい文化では、関わる意欲は失われ、責任転嫁、ゴシップ、停滞、えこひいきが蔓延《まんえん》し、創造性とイノベーションは枯れていく。

昨年の夏、国際的コンサルタント会社チェンジラボのCEO、ピーター・シーハンと一緒に仕事をする機会があったが、恥についての彼の考えは実に的を射ていた。彼はこう言う。

「見えないところでイノベーションをつぶしているのは、恥の意識だ。数値化できるわけではないが、たしかにそれは存在する。新しいアイディアを引っ込めてしまったり、本当に必要な意見を上司に言わなかったり、クライアントに率直に伝えるのを思いとどまったりするときには、必ず恥の意識が働いている。間違える不安、見くびられる不安、自分は劣っているという不安が、企業の前進に必要なリスクを負うのを妨げる。

創造性とイノベーションがあり、市場レベルでも個人レベルでも適度なリスクが許容されるような企業文化を築くには、まず管理職が、弱みをさらけだせるようなチームの雰囲気を作れるようになることだ。そのためには逆説的かもしれないが、まず管理職自身が弱みをさらけださなければならない。リーダーがすべてを仕切り、何でもわかっているべきだと考えるのは、時代遅れで、むしろ害になるぐらいだ。他の人々が『自分はよく知らないので』『能力が足りないから』と言ってリスクを回避するようになるからだ。恥が不安を生み、不安がリスク回避を生み、リスク回避がイノベーションをつぶすのである」

勇気をもって何かに挑むには、自己肯定感が不可欠だ。ところが恥が送り込んでくる〝グレムリン〟は、まったく逆のメッセージで私たちの頭をいっぱいにする。「やめておけ！　おまえじゃ力不足だ！」「身の程知らずな真似《まね》をするなよ」

グレムリンは、1984年公開のホラーコメディ映画『グレムリン』に登場する、性根の悪い小さな緑色のモンスターだ。破壊することが大好きで、行く先々で大暴れをする。私の仲間内では、グレムリンとは呪文のように頭の中でリピートする「恥のテープ」を指している。

最近、私は論文を書き上げられなくて悶々《もんもん》としていた。親友に電話をかけ、どうしても筆が進まないと愚痴をこぼすと、彼女はすぐに「グレムリンは、なんて言ってるの？」ときいてきた。

これは、頭の中に住み着いた自己不信と自己批判のメッセージ、「恥のテープ」の中身を明らかにする質問だ。私は答えた。「グレムリンは2、3匹いるわね。1匹は、おまえの論文はつまらない、誰もそんなテーマには興味はないさって言ってる。もう1匹は、きっと批判されるぞ、それも当然だけどって言う。それから大きいのがいて、こうささやきつづけるの。『本当の実力があれば、こんなに苦しまないさ。おまえみたいな悪文を書くわけない』って」

グレムリン、つまり恥のテープをよく知ることは、恥を克服するのにとても重要だ。「いつ誰にどうけなされたので恥を感じている」と、明確に言えるとはかぎらない。ときには、子どもの頃に心のテープに録音されたり社会から取り込んだりしたメッセージが原因のこともある。

恥は、恥ずかしくて口に出せないという気持ちをエネルギー源とする。だが、もし恥についてよく知り、名前をつけ、語りかけるなら、根っこを断ったようなものだ。恥は言葉につつまれるのが大嫌いなのである。グレムリンが日光にさらされると死ぬように、恥も言葉にして表現されると、みるみる枯れていく。

ルーズベルト大統領の演説にあるように、私たちは何かに挑戦するとき、必ず間違いをくり返し、あと一歩のところで届かない思いをする。失敗、ミス、批判はつきものなのだ。**精一杯生きるとき、失望し、傷つき、胸が張り裂けるような思いをするこ**

とは避けて通れない。だがそれを乗り越えて進むためには、たとえ敗北したとしても、それで愛や居場所、喜びに値しなくなるなどと決して思ってはならない。そう思ったら、二度と挑戦できなくなるだろう。

恥は、私たちが戦いに敗れ、もう決してリスクはおかすまいと誓いながら競技場からすごすごと引き揚げてくるのを待ち構えている。そしてこうあざ笑う。「そら見たことか。力が足りないくせに」。

恥からの回復力とは、そのときにこう言い返せる力である。「たしかに今はつらい。失望している。つぶれそうだ。それでも私にとって大切なのは、成功し、評価され、是認されることではない。私にとって大切なのは、思い切ってやってみる、ということだ。事実、私は果敢に挑戦したのだ。恥よ、どこかへ消えうせてしまえ」

恥によって自己肯定感や人とのつながりを封じられると、自分の弱みを受け入れ、素のままの自分をさらすことはできなくなる。だからここで腹をくくろう。恥という体験を、理性でも感情でも克服しよう。偽りなく生きるという人生の本業に専念するために。

恥ずかしい経験を話すのはなぜつらいのか

私は恥をテーマに話したり文章を書いたりするとき、まず次の3つの基本から始めることにしている。

1. 誰にでも恥がある。恥はもっとも普遍的で根源的で人間的な感情の一つである。
2. 恥を感じないのは、共感する能力や人とつながる能力が欠けている人だけである。
3. 恥について話すことに不安を感じない人はいない。恥について口を閉ざすほど、恥に支配される。

恥とは、つながりが断たれることへの不安である。私たちは心理的にも情緒的にも知的にも、そして魂のレベルまでも、人とのつながりや愛、居場所を求めるように生まれついている。**人とのつながりは、愛や帰属意識（つながりの2つの表現）とともに、私たちが存在する理由であり、人生に目的と意味を与えるものである。**

恥とは、自分がしたこと、しなかったこと、理想に到達できなかったこと、目標を達成できなかったことのゆえに、人とのつながりに値しなくなるという不安である。「私は愛されるに値しない」「どこにも居場所がない」「人とつながる価値がない」という感情だ。

これまでの研究から、私は恥を次のように定義した。

「恥とは、自分の欠陥のゆえに愛や居場所を得るのに値しないと思い込む、激しい痛みの感情または体験である」

恥は、言語に絶するトラウマを経験した人だけではなく、誰もが体験する。暗い片隅に潜むというより、日常の慣れ親しんだ場所に忍び込んでいる。調査からは、12の「恥のカテゴリー」が浮かびあがった。

- 容姿やボディイメージ
- お金と仕事
- 母性・父性
- 家族
- 子育て
- 精神的・身体的健康
- 依存・中毒

- セックス
- 加齢
- 宗教
- トラウマになるような体験
- ステレオタイプやレッテル貼り

恥の具体例について、いくつかの回答を紹介すると、

- リストラされたことを、妊娠中の妻に話さなければいけない
- 妊娠していないのに「予定日はいつですか?」ときかれる
- 薬物依存のリハビリをしていることを隠している
- 子どもにあたり散らしてしまう
- 破産
- クライアントの前で、上司から無能呼ばわりされる
- つきあっている恋人がいない
- 夫が隣家の女性と浮気をしている
- 妻に離婚を求められた

- 飲酒運転をした
- 子どもができない
- フィアンセに、父親はフランスにいると言ってしまった。本当は服役中なのに
- インターネットでポルノを見る
- 2度も退学になった
- 両親の言い争う声が聞こえてくるとき

恥は現実的な痛みである。人に受け入れられ、人とつながることの重要性は、脳科学でも証明されている。2011年のアメリカ国立精神保健研究所とアメリカ国立薬物乱用研究所の研究では、脳は身体的苦痛と激しい社会的拒絶の体験を同じように認識することが明らかになった。**人から拒絶されつながりを失うことは、現実の痛みなのである。**

だから、私が恥を「激しい痛みの感情」と定義したのは、ただの言葉のあやではない。心も傷つき、痛むものだという昔からの素朴な考えは神経科学的にも裏付けられている。だが、体の痛みを定義することが簡単ではないように、心の痛みを説明することも容易ではない。とくに恥は言葉で表現され、語られることを嫌うので、ことさら厄介だ。

「恥」「罪悪感」「屈辱感」「きまり悪さ」の違い

自分の恥を話しにくいのには、もっと単純な理由――語彙の問題もある。「恥」「罪悪感」「屈辱感」「きまり悪さ」などの言葉は、あまり区別しないで使われがちだ。正しい用語の使い方を強調すると、こうるさく聞こえるかもしれないが、これは単なる言語表現の問題ではない。

私たちがこうした感情をどのように体験するかは、セルフトーク、つまり自分自身に語りかける言葉に表れる。ここではセルフトークを分析して、4つの言葉の意味のもつれをほぐしてみたい。

手始めに、恥と罪悪感を取りあげよう。恥と罪悪感の違いは、「私は悪い人間である」と「私は悪いことをした」との違いとするのが一番わかりやすいと、恥の研究者と臨床家の多くは考えている。

恥＝私は悪い人間である
罪悪感＝私は悪いことをした

たとえば、あなたが正午に友人とランチの約束をしていたのを、すっかり忘れていたとする。12時15分、あなたが来ないのを心配した友人がレストランから電話をかけてくる。そのときのあなたのセルフトークが「私ってなんてマヌケなんだろう。友だちとして最低最悪、ダメな人間だわ」なら、それは「恥」の感情だ。「しまった。とんでもないことをしてしまった」なら「罪悪感」だ。

私たちは恥を感じると、何か、または誰かのせいにしたり、自分の過ちを正当化したり、心にもない謝罪をしたり、逃げ隠れしたりして、身を守ろうとすることがある。約束を忘れたことをわびるどころか、「最近すごく忙しいって言ってたでしょ。今日は都合がつかなかったのよ」と自分を正当化し、相手に落ち度があるかのように責める人までいる。

あるいはわびるにはわびるが、心の中で「私がどんなに忙しいかわかっていない」とつぶやく。もしくは発信者がわかった時点で、電話に出ない。ついには言い逃れに歯止めがきかなくなって嘘《うそ》をつく。「今朝、行けなくなったってメールしたけど、見なかった？　迷惑メールのフォルダーに入っちゃったのかしら」

自分の行動をわび、償い、自分の価値観に反する行動を変える原動力となるのは、ほとんどの場合、恥ではなく罪悪感のほうだ。自分の価値観に反する行動をして矛盾に気づいたとき、私たちは罪悪感を覚える。それは不快な感情ではあるが、プラスになることが多い。

この罪悪感は恥と同じぐらい強い力があるが、罪悪感が建設的な方向へと働くのに対し、恥は破壊的な方向に働く。

恥は「私は変わることができるし、もっとよい行動がとれる」という自己への信頼感をむしばむのである。

ところが、この社会では大半の人々が、恥をかかせることは、人が道を踏みはずすのを防ぐ手段になると考えている。「ちょっと恥をかいたほうが、次から行動に気をつける」と。

しかし、その考え方は間違いであるばかりか危険だ。恥は、中毒・依存、暴力、攻撃、抑うつ、摂食障害、いじめなどと相関性が高い。恥が何らかの肯定的な変化に関係するという研究結果はないし、恥がよい行動を導くことを裏付けるデータは何もない。むしろ、破壊的で有害な行動の原因になることのほうが多いのだ。

くり返しになるが、愛と居場所を求め、自分がそれに値すると思いたいのは、人間のさがだ。恥を感じるとき、私たちはつながりを断ち切られたように感じ、必死で自己肯定感を取り戻そうとする。恥や恥への不安で心が傷つくと、自滅的な行動に走り、攻撃的になり、他人をも恥に引きずり込もうとしてしまうのである。

「屈辱感」も「恥」と混同されやすい言葉だ。医学博士のドナルド・クラインは恥と屈辱感の違いについて「自分は恥に値すると思う人はいても、屈辱に値すると思う人はいない」と言っている。

たとえば取引に失敗したジョンが、上司から同僚たちの前で「おまえはダメだ」と罵倒されたとする。もしジョンのセルフトークが「おれはダメな人間だ。無能だ」なら、それは恥の意識だ。「ボスがキレておれをダメ人間呼ばわりしたが、そんなことを言われる覚えはない」なら屈辱感だ。屈辱感も心を傷つけ、職場や家庭を不愉快な場所にする。

それでも屈辱感は恥よりもましなのだ。たとえばジョンの場合、「ダメなやつ」という罵倒に対して「それはおれのことではない」というセルフトークをしている。そのように割り切ることができれば、心を閉ざしたり問題行動をとったり復讐《ふくしゅう》に走ったりする可能性は低い。自分の価値観を崩さずに、問題を解決しようとするだろう。

「きまり悪さ」は４つの中で、もっとも深刻でないものだ。たいていは一時のことで、やがては笑い話になる。最大の特徴は、孤立感に陥らないことだ。他の人も同じようなことをしてしまうのを知っているからである。恥ずかしい思いは、一瞬の頬の紅潮と同じようにすぐに消えていき、自己定義が変わることもない。

恥からの回復力をつける

恥がよくないとして、ではどうすればよいのか？　その答えは、恥からの回復力をつけることである。まったく恥を感じないという抵抗力ではない。それは不可能なことである。人とのつながりを大切に思うかぎり、それが断ち切られる不安で心が曇るのは当然だし、恥の痛みはいつも生々しい。

恥からの回復力が強い人には、4つの共通要素があることがわかっているが、それぞれの要素を説明する前に、まず恥からの回復力とは何かを定義しておこう。恥からの回復力とは、恥を感じているときに本来の自分を見失わず、自分の価値観を犠牲にしないで切り抜け、以前よりも豊かな思いやりと勇気、人とのつながりを得ることができる能力である。恥から立ち直るとは、恥から共感へと至ることとも言い換えられるだろう。

恥の体験を誰かに共感し理解してもらえたら、恥はもはや無力だ。恥は対人関係で作られる傷なので、対人関係で癒すのが一番よい。共感こそが、その妙薬だ。自己共感、つまり自分を思いやることも大切だ。**私たちは自分を慈しむことができるとき、自分の殻から一歩踏み出し、人とつながり、共感を味わえる**からである。

恥からの回復には4つの要素がある。必ずしもこの順序で進むわけではないが、最後には必ず共感と癒しに導かれる。

1. 恥に気づき、恥のスイッチを理解する：恥には生理的な面と個人史的な面がある。恥を感じたとき、身体にどんな反応が起きるか？　どんなメッセージや期待が恥のスイッチを押すか？

2. 冷静に分析する：恥を感じさせるメッセージや期待が現実的で達成できるものかどうかチェックする。あなた自身がそうなりたいのか、それとも他人があなたにそう期待していると思い込んでいるだけなのか？

3. 一歩踏み出す：自分の体験として受け止め、誰かに話そう。人とつながらないと、共感は味わえない。

4. 恥を話す：あなたがどう感じたかを話し、どうしてほしいかを伝えているか？

恥から回復する力は、人とのつながり（自分自身とのつながり、大切な人とのつながり）を守ってくれる。

恥からの回復力を養うトレーニングに参加している人に、以前はどのように恥に反応していたかを質問すると、次のような回答があった。

・「恥を感じると、頭のネジが吹っ飛ぶ。ふつうなら絶対言わないようなことを言い、やらないようなことをやってしまう」
・「他人も自分と同じぐらい、いやな気分にさせたくなる。誰彼かまわず殴りかかり、どなり散らしたくなる」
・「絶望的な気分になる。どこにも頼れない、誰にも話せないという気持ち」
・「思考も感情も閉ざしてしまう。家族に対しても」
・「世界から疎外されたような気分。隠れたくなる」

ストーンセンターの元研究員で現在は「人間の尊厳と屈辱の研究会」の会長であるリンダ・ハートリング博士は、恥に対する3つの自己防衛の対策について、ドイツの精神分析家カレン・ホーナイの「逃げる、近づく、対立する」の理論によって説明している。

ハートリングによると、1つ目は「逃げる」で、引きこもる、隠れる、沈黙する、秘密をかかえるなどがそれにあたる。2つ目は「近づく」で、相手をなだめる、機嫌をとるなど。そして3つ目が「対立する」で、支配する、攻撃する、恥をもって恥に対抗する（悪質なメールを送るなど）。たいていの人は時と場合、相手、理由によって、これらを使い分ける。だがどれも人とのつながりを遠ざけてしまうことに変わりはない。単に恥の痛みを断つための手段にすぎないのだ。

さて、ここまで話してきた抽象的な概念の理解を深めていただくため、およそ自慢できるような話ではないが、私自身の恥の体験をお話ししよう。

最初に少し背景を説明させていただくと、講演の依頼を断ることは、私をひどく不安定な気持ちにさせる。人を喜ばせ、何事も完璧にという長年の習性から、人を失望させると、身の置きどころのない気持ちになるのだ。私の中の「優等生」が人の期待を裏切ることを嫌がる。頭の中のグレムリンが「恩知らずなやつだと思われるぜ」「わがまま言うなよ」とささやく。また、もし断ったら、どこからも依頼が来なくなるかもしれないという不安も襲ってくる。

だが一方で、私は「偽りのない心」を研究して「人からどう思われるか」から「私はこれでよい」に変わるために必要なことを学ぶうちに、境界線を引くことを重んじるようになった。**人とのつながりが豊かで思いやりのある人々は、境界線を引くことを大切にしていることがわかった**からだ。

私は単に「偽りのない」生き方を研究し、それを説いて回りたいのではなく、自分自身がそのように生きたいと思っている。だがそのためには、講演依頼の約8割は断らざるをえない。引き受けるのは、家族のスケジュールや自分の研究や生活と両立できるときだけ、というふうに境界線を引いている。

昨年のこと、私は激しい怒りのメールを受け取った。送り主の男性が主催するイベントで講演を依頼されたが、ちょうど家族の誕生日と重なっていたのでお断りしたからである。メールは悪意にあふれ、個人攻撃のオンパレードだった。グレムリンどもは、そら見たことかと狂喜乱舞したに違いない。

私は返事を出さずに、夫にメールを転送することにした。その男性とメールについての忌憚《きたん》のない感想を短く書き添えて。恥と怒りをどこかで発散しないではいられなかったのだ。もちろん、「優等生」のメールではなかった。下品なののしり言葉も、2度ほど使ったような気がする。

そして私は——なんと「転送」ではなく、「返信」ボタンを押したのである。「ヒュイーン」というメール送信の効果音が聞こえた瞬間、私は悲鳴をあげた。「だめ！　行かないで！」。恥に恥を重ねたショックで、私は呆《ほう》けたようにスクリーンを見つめたまま動けなくなった。そうこうするうちに、かの男性から「やっぱり、そういう人でしたか。最低ですね。何が『偽りのない心』だ。笑わせる」と反撃のメールが来た。

すでに恥の猛攻は始まっていた。口の中はカラカラに乾き、時間が恐ろしくゆっくりと流れ、視界が狭くなっていく。ぐっとつばを飲み込もうとすると、グレムリンが「本当に笑わせるぜ」「どこまでマヌケなんだか」とささやきはじめた。

ふつうに息ができるようになると、私は「痛《いた》、痛《いた》、痛《いた》……」と小声で唱えはじめた。これは、恥からの回復力のトレーニングに参加したキャロラインという女性がひねり出した術《すべ》だ。彼女は恥を感じたときには、すぐ声に出して「痛《いた》、痛《いた》、痛《いた》、痛《いた》……」と唱えるという。「ついにいかれたかと思われそうだけど、なぜかこれが効くんです」と言っていた。

たしかに効く。1、2分、この呪文を唱えた後、私は深呼吸をして精神を統一した。「よし、乗り切った。さあ次は？　だいじょうぶ。やれる」

身体症状が落ち着き、思考回路が再起動すると、恥から立ち直るための3要素を思い出した。それは本能に逆らうような方法だが、信じて実行するのみだ。

1. 勇気を出して助けを求める。もちろん、どこかに隠れてしまいたい。だが恥と戦い、誇りを守るには、この体験を誰かに打ち明ける必要がある。それを聞く資格のある人、つまり、私のもろさや弱さにかかわらず、いや、それだからこそ愛してくれる人に。

2. 大切な人が窮地に陥ったときに慰め励ますのと同じように、自分に語りかける。「だいじょうぶ。あなたも人間なのよ。誰にだって間違いや失敗はある。私がついてるからね」と。恥の感情に襲われたとき、私たちはたいていこの逆で、愛し尊敬する人には絶対に言わないようなことを自分に対して言っているものなのだ。

3. この体験を「自分のもの」にする。恥の体験を忘却しようとしたり、こじらせ化膿《かのう》させたりしてはいけない。またこの体験に私という人間を定義させてはいけない。私はしばしば声に出してこう言う。「自分のものにしてしまえば、結末は自分でつけられる」と。無理に忘れようとすると、かえっていつまでも恥に支配される。ユングの言葉にあるように「私に起きたことが私なのではない。私がそうなると決めたものが私なのである」。

さて、一番危険なのは、恥を隠したり忘れようとしたりすることだとわかっていても、いざ人に話すとなると怖かった。

それでもなんとか、夫と親友のカレンに電話をした。2人とも反応のしかたは違うが、私が一番必要としていたもの――共感をくれた。

批判は恥をいっそう重症にするが、**共感は「あなただけではない」という素朴な承認のメッセージを与えてくれる。**

共感とは、心の回路をつなぐことだ。たとえるなら、恥という穴から救い出すはしごのようなものだろう。夫とカレンは、耳を傾け愛を与えてくれただけではなく、自分の弱みもさらして、同じような穴に落ちた経験を話してくれた。共感は、そっくり同じ体験をしなくてもできるものである。カレンも夫も、私のようなとんでもないメールを出したことはなかったが、グレムリンのささやきや、「やってしまった」という感覚は経験済みだった。

共感とは、出来事や状況にではなく、その人が体験している感情に回路をつなぐことなのだ。「そうか、私だけではない、人間だからやってしまう失敗なんだ」と気づいた瞬間、恥は霧が晴れるように消えていった。

共感には不思議な大きな力がある。台本はないし、やり方に正解はない。ただ耳を傾け、受け入れ、批判を差しはさまず、気持ちに寄り添い、不思議な癒しの力のある「あなただけではない」というメッセージを伝えればよいのだ。

夫やカレンと話したことによって、私は恥を乗り越え、立ち直ることができた。自己肯定感を取り戻し、誠実な気持ちで、かの男性に改めてメールを返信することができた。怒りの応酬となった責任の一端は私にあることを認め、不適切な言葉を使ったことを謝罪した。また今後の接触については、はっきりと境界線を引いた。以後、あのメールの男性からは何も言ってこない。

恥は秘密を肥やしにして膨張していく。テキサス大学教授で心理学者のジェームズ・ペネベーカーは、トラウマのサバイバーの研究（とくにレイプと近親相姦《きんしんそうかん》）で、トラウマ体験を話題にしないことや誰にも打ち明けないことは、トラウマ体験そのものよりも有害になりうることを明らかにした。体験を話した人は、身体的健康が改善し、通院が減り、ストレスホルモンが著しく減少したのである。

またペネベーカーは、思いを書き出すことによる癒しにも注目している。彼によると、トラウマ体験について1日に15〜20分間書くことを、3、4日続けるだけで、身体的・精神的健康が目に見えて改善するという研究報告があり、書くことは睡眠の習慣、仕事の効率、対人関係にも影響を与えるという。

恥からの回復は実践の問題なので、ペネベーカーにならって恥の体験について書くことは、大いに有効だと思う。だが、そういう実践を積んで、つらい体験を人に話す勇気をもてるようになるまでには時間がかかる。この本を読んで「私もパートナーや友人や子どもと、そういう話ができるようになりたい」と思った人は、ぜひすぐに実行してほしい。

クモの巣と箱
——恥の体験の男女差

ここでは、男性と女性と恥と自己肯定感について考えてみたい。

恥の研究を始めてからの最初の4年間、私は女性だけを調査の対象にしていた。当時の研究者の多くは、男性と女性の恥の体験には違いがあると考えており（今でも一部の人はそう考えている）、私も男女のデータを一緒にすると大切なニュアンスを見落とすかもしれないと思って、調査対象を女性にしぼっていた。だが理由はまだあった。女性のほうが自己肯定感が得られずに苦しんでいると思っていたし、男性に面接をするとなると、まったく勝手の違う世界に転がり込むことになりそうで抵抗があったのだ。

事実、そこはまったく勝手の違う世界だった——口にできない痛みの世界だったのである。それを最初に垣間《かいま》見たのは、2005年のこと。講演を終えて、著書を買ってくれた女性のためにサインをしていると、その夫とおぼしき60代前半ぐらいの長身でやせ型の男性が彼女の後ろに立っていた。妻が帰ろうとすると、男性は「すぐに行くから、ちょっと待っててくれ」と言った。

妻は「もう行きましょうよ」とせっついたが、彼は動かない。やがて妻はあきらめて、先に出口のほうへ歩きはじめた。サイン用のテーブルをはさんで、彼と私は向き合った。

「恥の話は、おもしろかったですよ」と、彼は言った。

私は礼を言って、次の言葉を待った――それだけではすまない予感がしたのだ。

彼は身を乗り出して「ちょっと興味があるんですが、男性と恥の関係はどうなんです？　何がわかりましたか」ときいてきた。

一瞬、ホッとした。言えることはほとんどないので、すぐに終わるだろうと。「男性にはあまり面接をしたことがないんです。女性だけを研究しているので」

彼はうなずくと「それは都合がいい」と言った。

急に警戒心がムクムクと頭をもたげた。私は無理に笑みを作り、「都合がいいとおっしゃるのは？」とき返した。「本当に知りたいのですか」と言われて、「はい」と答えたが、本心ではない。私は用心して身構えた。

ところが、ふと見た彼の目には涙があふれていた。「われわれにも恥があるのですよ。深いところに。だがそれを話せば、たたきつぶされるのが落ちなのです」。生々しい痛みが伝わってきて、彼と目を合わせるのがつらくなった。私は、男性は男性に対して厳しいものだと言いかけたが、それをさえぎるかのように、彼は「意地が悪いのはコーチとか上司とか、兄弟とか父親だけではないんですよ」と言うと、妻のいるほうを指差した。

「あなたがサインしてくれた本を読む妻や娘たちは、私が馬から落ちるのを見るくらいなら、白馬にまたがったまま死ぬのを見るほうがいいと思っているのです。弱みを見せろ、本物の自分であれとおっしゃいますが、女性はそれを正視できない。そんな男性の姿は見たくもないんですよ」

彼の言葉に思わず息を呑《の》んだ。それが真実だからこそ、身にこたえた。彼は深いため息をつくと、「それだけ言いたかったのです。聞いてくれてありがとう」と去っていった。

長年、女性の葛藤を研究してきた私は、このとき初めて、男性には男性なりの葛藤があることを知り、男女一緒に恥を克服する方法を探すべきであることを悟ったのだ。

女性と恥のクモの巣

ここからは、女性と男性について、また男女がどのように傷つけ合い、癒しのためにどれほど互いを必要としているかを考えたい。

男女両方を研究してみてわかったのは、**恥をかきたてるメッセージや期待には性別による違いがあるが、恥の体験は普遍的で、あまりにも人間的なもの**なのだということである。

まず女性に、恥をどう定義するか、どんな恥の体験があるかと質問すると、次のような回答があった。

- パーフェクトな容姿、パーフェクトな行動、パーフェクトな人柄。それに少しでも欠けるのは恥
- 母親仲間に批判されること
- さらし者になること——知られたくない欠点がばれること
- どれだけ成功しても、自分の生い立ちやつらい体験のせいで、私はこれでよいと思うことができない
- 皆、無理だとわかっているくせに期待しつづける。だいじょうぶだというふりを演じ切れないことが恥
- 家庭でも、職場でも、ベッドでも、私にはいつも何かが欠けている。恥とは欠け

がある こと
- イケてるグループに入れない。きれいな子たちは笑っている

先にあげた恥の12のカテゴリー（容姿やボディイメージ、お金と仕事、母性・父性、家族、子育て、精神的・身体的健康、依存・中毒、セックス、加齢、宗教、トラウマ体験、ステレオタイプやレッテル貼り）のうち、女性にとって、もっとも普遍的で強力な恥のスイッチは、リストの筆頭にある「容姿」だ。外見で人は判断できないと誰がどれだけ教育しても、やはり女性が一番恥を感じるのは、スリム、若い、美しいという条件を満たせないことなのである。

僅差で続くのが母性で、なんと、母親にならなくても母性の恥は経験できてしまうのだ。この社会では女性らしさと母性は切っても切れないものとされていて、女性としての価値が母親（または未来の母親）としての役割ではかられることが多々ある。「どうして結婚しないの？」、結婚していれば「どうして子どもを作らないの？」としょっちゅうきかれる。子どもが一人なら「2人目は？」、兄弟の年齢が離れていると「どうして？」、近すぎると「子どもがかわいそうじゃない」。仕事をもつ母親がまずきかれるのが「お子さんはどうしてるの？」。仕事をしていないと「お嬢さんにどういうお手本を示すつもり？」。母性の恥は、どこまでいってもつきまとう。まるで

女性の生まれながらの「特権」のように。

だが女性を本当に苦しめているのは、完璧を期待され（あるいはみずから望み）、しかもそのためにあくせく努力しているように見えてはならないという縛りである。さりげなく、苦もなく、パーフェクトでなければならないのだ。

期待されるのは、天然の美、天性の母性、天性のリーダーシップ、ありのままでよき親であること、素のままで絵に描いたようなすてきな家族であること。「天然の美」を約束する化粧品のために、どれだけお金が使われていることか。また仕事でも「涼しい顔でやってのける」「そのために生まれたような人だ」と言われたいのだ。

女性たちの回答を読むうちに、私の頭にはクモの巣のイメージが思い浮かんだ。

- どんな人であるべきか
- 何であるべきか
- どのようにあるべきか

といった事柄をことこまかに規定する矛盾した期待が、何層ものネバネバしたクモの巣のように絡みついてくる。

私自身、誰からも愛されようとして——女性はそのように社会化されるのだが——

何か一つするたびに、クモの巣に絡め取られていった。抜け出そうとしてもがけばもがくほど、ますます身動きができなくなった。何を選んでも、何かが犠牲になり誰かを失望させることになるのである。

この矛盾する期待（そもそも達成不可能なものが多いが）の例を次にあげる。

- 完璧であれ。ただし、そのために髪を振り乱して大騒ぎしてはならないし、家族やパートナーや仕事にしわ寄せが及んでいってはならない。あなたが本当にできる女性ならば、たやすいことのはず
- 人を怒らせたり人の気持ちを傷つけたりしてはならない。ただし思ったことははっきり言うべき
- (子どもが寝つき、犬の散歩も終わり、部屋も片づいたら) セクシーに。ただしPTAではモードを切り替える。この2つをうまく使い分けなくてはいけない。お色気過剰な人が母親のあいだでどう言われるか、よくご存知のはず
- あなたらしくあれ。ただし臆病なあなたや自信のないあなたのことではない。自

信にあふれた姿こそ魅力的

- 人を不愉快な気分にさせてはならない。ただし率直であれ
- あまり感情的になってはならない。ただし冷静すぎてもいけない。感情を出しすぎるとヒステリーだと思われ、冷静すぎると冷血女だと思われる

女性らしさの規範についてのアメリカのある研究は、「女性らしさ」に関係するもっとも重要な資質として、感じのよさ、スリムで理想的な体型のために努力する、いつも控えめで自分の才能や能力が目立たないようにする、家庭的、子どもをよく世話する、恋愛に賭けている、決まった一人のパートナーとのみ性関係をもつ、容姿に気を使う、をあげている。

基本的に、女性はできるだけ目立たず、かわいらしく、おとなしくして、容姿を磨くために時間と労力を費やすことを期待されているのである。夢やこころざし、才能などは二の次としか思われていない。私が面接した各方面で活躍中の女性たちは異口同音に、**こうした「ルール」に日々抵抗しないと、自分の存在や考えを主張し、力や才能を発揮することはできない**と語っていた。

「目立たず、かわいらしく、おとなしく、控えめに」は、私ですら過去の遺物だと思っていたが、実際は、今なお女性が何かものを言おうとするたびに、この壁にぶつかることになる。

ＴＥＤｘヒューストンの動画がインターネット上で広まりはじめたとき、私は夫に「ＴＥＤのウェブサイトをハッキングして、あれを消去して」と懇願し、オフィスに侵入してビデオを盗み出すということまで妄想した。そのとき初めて、私はずっと無意識のうちに、自分の仕事を目立たせないようにしてきたのだと気がついた。インターネット上で瞬く間に世界中に知られるという事態は、まさしく私が避けてきたことだったのだ。生身をさらすのはいやだったし、インターネットの世界に蔓延するえげつない批判も怖かった。

事実、えげつない批判は来た。その大半は「過去の遺物」に追従するものだった。私の動画があるニュースサイトに載ったとき、コメント欄は私の体重をめぐって盛りあがった。「自己肯定感とか言う前に、７キロやせたら」。別のサイトは母親の〝挫折〟など認められるかどうかで議論していた。「この人の子どもは、かわいそう。きちんとした母親ならくじけたりしない」。「研究よりも、ボトックス注射を」という書き込みもあった。

CNN.comに不完全さをテーマとする文章を載せたときも、似たようなことが起きた。ウェブサイトの編集者は、私の文章の横に「私はこれでよい」とフェルトペンで胸元に書いた女性（私の友人）の写真を添えた。すると「自分ではこれでよいと思っているんだろうけど、その胸を見るかぎり、もうちょっとどうにかしたら」「もし私がブレネー・ブラウン似だったら、私も不完全さを受け入れただろう」とコメントされた。

ここでは、彼らが攻撃の対象として何を選んだかに注目してほしい。容姿と母性、つまり女性らしさの基準の二大要素である。私の知性や議論を攻撃したのではない——そのほうがまだ傷つかなかっただろうが。

こうしたコメントが自分の恥のスイッチを押したとき、私はすぐにそのメッセージが現実的かどうかを冷静に検討した。もちろん心は傷ついたし腹も立った。目が腫れるほど泣いたし、どこかに消えてしまいたくなった。だが2、3時間、いや2、3日、そういう感情に浸るのを自分に許した後は、一歩踏み出して、私が信頼し愛する人々に思いのたけを話した。そして、後は振り返らずに前に進んだ。より大きな勇気と思いやり、そして絆を手にして（ちなみに私は匿名のコメントを読むのをやめた。**競技場に出てきて戦い、ときには自分も傷つく覚悟のない人の発言など、耳を傾けるに値しない**からだ）。

男性の恥体験と木の箱

一方、男性に恥の定義をたずねると、こんな回答が寄せられた。

- 恥とは失敗すること。職場で、フットボール場で、結婚生活で、ベッドで。金銭のことで、子どものことで。何にしろ、失敗は恥
- 恥とは間違っていること。間違えることではなく、間違っていること
- 欠陥があるという意識
- 軟弱だと思われること。ちっともタフでないと思われるのは、みっともなく恥ずかしい
- 恐怖が顔に出るのは恥。何があっても恐怖を顔に出したり、怖がったりしてはならない
- 「こいつは、いじめてもだいじょうぶ」と思われること
- 最大の不安は批判されればかにされること。どちらも非常に恥ずかしい

基本的に、男性は「弱虫と思われるな」という非情なメッセージのプレッシャーの

もとで生きている。

男性と恥の関係について研究しはじめた頃、私は箱（貨物用の木箱のような箱だ）をメタファー（たとえ）にして、男性が恥に閉じ込められている状態を説明した。

女性に自然のままで美しく、スリムで、何事においても完璧であることが求められるように、男性にも、何をすべきか、すべきでないか、どうあるべきかを規定する箱がある。そのすべてのルールは帰するところ、「弱虫になるな」である。

大学生の小グループとの面接で、ある20歳の男子学生が「その箱を見せてあげますよ」と言った。190センチはありそうなその長身の青年は、「こんなふうに生きてるんです」と言って、小さな箱の中に閉じ込められたかのように身を縮めた。「選択肢は3つしかない」と彼は言った。「まず外に出ようとしてもがき、壁を殴って壊そうとする。だからいつも怒りを感じ、揺れている」。そして「あるいは、あきらめて何もしなくなる」と言うと、床に身を投げ出した。部屋は静まり返った。

今度は立ちあがると、「それか、そのままでいて耐え難さに気づかない。これが一番楽です」と言った。

率直で勇気あるデモンストレーションだった。他の学生も、感じ入るところがあるようだった。

グループ面接の後、彼は子どもの頃の話をしてくれた。絵が大好きだった彼は、一生、絵を描いて暮らしたいと本気で思っていた。ところがある日、叔父が冷蔵庫に貼られた彼の絵を見て、冗談で彼の父親にこう言ったのだ。「オカマの絵描きにでもする気か？」

この後、それまで絵のことには口出ししなかった父親から、絵のレッスンを受けることを禁じられたという。ずっと彼の画才を自慢の種にしていた母親まで、「ちょっと少女っぽすぎる」と言い出した。前日に自分の家の絵を描いたのを最後に、彼は二度と描かなくなった。

この話を聞いた夜、私は彼を思い、そして彼の絵を見られなくなったすべての人を思って、涙を流した。また絵筆を執るようになったことを願うばかりだ。もちろん彼にとってははかり知れない喪失だが、この世界も大きなものを失ったに違いない。

カーテンの後ろの男に気をつけろ

「弱虫と思われるな」と大きく刻印された箱。男の子は生まれたときに、その箱をあてがわれる。まだヨチヨチ歩きの頃は、それほど狭く感じない。体が小さいので少しは動き回れるし、ママにしがみついて泣くこともできる。だが成長につれて箱は狭くなり、身動きがとれなくなる。大人になる頃には、もう窒息寸前だ。

男性も、女性と同じように二重拘束を強いられている。ここ数年、とくに不況が厳しくなってからは、その箱が『オズの魔法使い』に出てくる、カーテンの後ろに隠れた小さな箱のように思えてきた。その箱の中でからくり仕掛けの「強くて偉大な」魔法使いオズを操っているのは、ただの平凡な男性だ。社会の欠乏感が色濃くなると、「弱虫と思われるな」だけではなく、「強くて偉大であれ」というプレッシャーまでかかってくる。

『オズの魔法使い』の箱のイメージが最初に頭に浮かんだのは、リストラされたことを恥じて妻にはそれを隠している男性に面接したときだった。

彼は言った。

「こっけいですよね。親父《おやじ》も2人の親友も知ってるのに、妻は知らない。もう半年になります。毎朝、仕事に行くときのようにスーツを着て家を出る。街に着いたらコーヒーショップに入って、それから職探しをするんです」

面接のプロの私だが、「それで、よく隠し通せますね」と顔に書いてあったに違いない。彼は私の言葉を待たずに、「妻は知りたくないんですよ。知っていたとしても、出勤するふりを続けてほしいんです。就職できてから、新しい仕事が見つかったと言えば喜ぶでしょうよ。でも今、知ると私への気持ちが変わってしまう。こんなはずじゃなかったって」と言った。

身近な女性たち――母親、姉妹、恋人、妻――は何かにつけて、「あなたは本当のことを言ってくれない」「弱みを見せない」「よそよそしい」と言って非難するが、実は彼女たちこそ、男性たちが身を潜める箱の出口に立ちふさがり、箱を隠すカーテンのすその乱れを直して、誰も出られず誰も中を覗《のぞ》けないようにしている。そんな訴えを、私は男性たちから何度となく聞かされた。

男性には男性のつらいパターンがある。

私たち女性は男性に対して、「弱みを見せてもいいのよ」「私にも関わらせて」「不安なときはそう言って」と求めるが、実のところ、ほとんどの女性はそれに耐えられない。実際に男性がもろさを見せると、たいてい不安になって後ずさりする。それは失望から嫌悪感まで、さまざまなかたちで表れる。男性のほうも賢いもので、そのリスクを承知しており、私たちの表情から、「ほら、しっかりしてよ」という本音を読み取ってしまうのである。

暗黙の恥は、あからさまな恥と同じぐらい苦痛だ。ある男性は常日頃から、収入のことで妻に対して恥じていた。ある日のこと、妻が帰宅するなり、「カティーの新しい家、見てきたのよ。すてきだった。念願のマイホームを手に入れて、うれしそうだったわ。それにね、来年はもうパートをやめるんですって」と言った。彼はそれを聞くと急に怒り出し、妻の母親の訪問予定のことで文句を言うと、そそくさと部屋を出て行った。

彼はこの話をしながら、「どうしてわざわざあんなことを言う必要がありますか？ そりゃ、あちらの旦那は稼ぎがいいですよ。奥さんにもやさしい。私がかなうわけがない」

「奥さんはあなたを傷つけたり恥をかかせたりしようとして、そう言ったのでしょうか」と、私がきくと、「さあ、どうでしょうか。わかりません」と彼は答えた。

キレるか閉じこもるか

恥に対する反応のような複雑なものをあまり単純化したくないが、男性の場合、主に2つの反応があるようだ。キレるか閉じこもるか。もちろん、恥からの回復力をつければ、それは変わる。恥に気づき、自分を思いやり、共感をもって反応できるようになる。だが恥に気づかないと、自分の至らなさや了見の狭さを指摘されたとき、怒り出すか、まったく心を閉ざすかになる。

男性の問題を専門とする、ある男性セラピストにこの反応について意見をきいたとき、彼は自分の体験を例にとって説明してくれた。

彼はハイスクールに入ったとき、フットボール部の入部テストを受けて合格した。練習の初日、コーチは部員たちをラインに沿って整列させた。子どもの頃から近所で友人たちとフットボール遊びをしていたとはいえ、本物のフィールドで、パッドに身を固め、彼をなぎ倒そうとする敵チームと相対するのはこれが初めてだった。「急に怖くなったんです、これは痛い目にあいそうだと。きっとその不安が顔に出たんでしょう」

コーチは大声で彼の名を呼び、「めめしいぞ！　さっさとラインにつけ！」とどなった。彼は恥が全身を駆けめぐるのを感じた。「その瞬間、この世界と男の掟《おきて》を悟ったんです」

不安になることは許されない。
恐怖を顔に出すことは許されない。
弱みを見せることは許されない。
不安になったり、恐怖が顔に出たり、弱みを見せるのは恥だ。

「その後どうしたのですか」ときくと、彼は私の目を見て言った。「恐怖を怒りに変えて、目の前のやつをなぎ倒しましたよ。それがうまくいったものだから、以後20年間、自分の不安やもろさを怒りに変えて、目の前をふさぐ人は誰でも強引になぎ倒してきたんです——。

妻も、子どもも、部下も。恐怖と恥から逃れる方法が、それしかなかったんです」

彼の声にはきっぱりとした中にも悲しみがこもっていた。たしかに彼の言う通り、恐怖や傷つく不安は強烈な感情なので、ただ消えろと願うだけでは消えてくれず、何かをしなければおさまらない。実際、多くの男性は「キレるか閉じこもるか」を説明するときに、いても立ってもいられないなど身体的な表現を使う——あたかも恥や批判やあざけりが身体的にも耐え難いものであるかのように。

「怒りと飲酒がどうしてもコントロールできなくなって、セラピーを受けに行きました。妻や子どもとの関係も危うくなっていました。今の仕事をするようになったのは、それがきっかけだったんです」と彼は結んだ。

恥から立ち直るとは、よき中道を見つけることでもある。関わることをやめずに、勇気をもって自分の価値観に沿ったやり方で対処できる道を。

自分に厳しい人は他人にも厳しくなる

絵の素質のある幼い息子につらくあたった父親のように、部員をなじったコーチのように、女性も、他の女性にきつくあたることがある。他人に厳しくなるのは、自分に対して厳しいからである。それが批判のメカニズムだ。

私たちは、けなしたり、非難したり、批判したりできる誰かを見つけることで、恥のクモの巣から逃れ、箱を注目から守ろうとすることがある。

皮肉なことに（当然でもあるが）、**私たちは自分自身が恥を感じやすい領域で、自分より劣る人を批判する傾向がある。**自分の子育てに満足している人は、他人のやり方をとやかく言わないし、自分のボディイメージに不満のない人は、他人の体重や容姿を笑いものにしたりしない。他人にきつくなるのは、誰かを踏み台にして、自分の恥から目を背けたいからである。

だがそれは人を傷つけるだけで、恥から逃れるのに何の効果もない。ところがこの悪《あ》しきパターンは人から人へ、親から子へと広まりやすい。

教師たちの話を聞くと、他の子どもをいじめたり貶《おとし》めたりすることで自分のランクをあげようとする子どもの親は、やはりそうした行動をとるという。「そういう子どもの親は、自分の子が何をしたかを知っても動揺しません。子どもに人気があるのを自慢に思っているんです」。開口一番、「それで、あの子は勝ったんですか」ときいてくる親もいるという。

どうすればこの陰湿なパターンを破れるのだろうか。それは、**「恥の泥沼から抜け出す方法は他人をそこに引きずり込むことではなく、手を携えて一緒に這《は》いあがることだ」**と確信し、子どもに手本を見せることではないだろうか。

たとえばあなたがスーパーで買い物をしているとき、小さな子どもが悪魔のように泣きわめいてシリアルの袋を床に投げつけ、母親が困り果てているのに出くわしたとしよう。ここで、私たちは自分の行動を選ぶことができる。私はあの人よりましだ、あの人のほうがひどくクモの巣に絡め取られていると横目で確認し、呆《あき》れ顔で通り過ぎることもできる。だが母親の気持ちを察して「あなただけじゃない。私もそうだったわ」と共感の笑顔を向けることもできる。もちろん共感には感情的なリスクがつきものなので、「大きなお世話よ」という目でにらみ返されるかもしれない。それでもやってみる価値はある。その行動は彼女に絡むクモの糸を少しゆるめてあげられるだけではなく、いつか自分の番になったときにもクモの糸をゆるめてくれるだろう。

人々が支え合うことへの希望がもてるのは、さまざまなプログラムやブログで、弱みをさらして傷つく可能性をいとわず、恥から立ち直った経験を語れる人が増えていることだ。「攻撃し合う」から「向き合う」へと静かな変革が起きている。言うまでもなく、この変革は恥からの回復力を必要とする。勇気を出して素の自分をさらし合うとき、真の自己肯定感が私たちを解放してくれるだろう。

脂肪がどうしたっていうんだ？

２００６年に、私はコミュニティカレッジの学生男女24人と恥について語り合った。ある20代前半の男性は、戦場から帰還したら妻の浮気が発覚して、離婚したばかりだと話した。しかし彼は、驚きはしなかったと言う。彼女が自分との生活に満足していると思えたことがなかったからだ。彼女の要求に応えられそうになるたびに、「ゴールを3メートル先に移動された」と言う。

すると、一人の女性が口をはさんだ。「男だって同じだと思う。絶対に満足しないもの。まだかわいさが足りない、色っぽくない、もっとやせろって」。たちまち、ボディイメージとセックスについての議論に火がついた。ほとんどが、ボディイメージに自信がないときに、好きな人とセックスをするのが不安だという話だった。先の女性は「おなかの肉を引っ込めながらセックスするなんて簡単じゃないわよ。脂肪を気にしながら、のめり込める？」と言った。

すると最初の男性が机をたたいて、「脂肪？　気にしてるのはそっちで、おれたちじゃない。おれたちはそんなものどうでもいいんだ」と大声で言った。教室は水を打ったように静まり返った。彼は深く息を吸うと、「男が何を考えているかって、勝手に決めつけないでほしい。こっちの本音は『愛されているのか、好かれているのか、求められているのか、大切な存在なのか、満足されているのか』なんだ。こっちは自分を賭けているのに、そんなことが大事なのか？」と言った。

このとき、男性の半数は感情をたかぶらせて、両手で顔をおおっていた。数人の女性は泣いていた。私は息を殺して話を聞いた。ボディイメージの話を始めた女性は、「だって、前のボーイフレンドはいつも私の体のアラ探しばかりしていたから」と言った。

「それは、そいつが男だからじゃない。つまらない男だからだ。一緒にしないでくれよ」と彼は答えた。

すると中年の男性が、机の上に視線を注いだまま言った。「たしかにそういう意味で……女性に求められると、自分に価値があると思えてくる。少し胸を張れて、自信が出る。なぜだか説明できないがそうなんだ。私が結婚したのは18歳のときだが、今でもそう感じる」

このときまで、私は男性がセックスに関して傷つきやすいと考えたことはなかった。何らかの意味で自己価値がかかっているとは、思いもしなかった。その後、私は性、恥、自己肯定感について、メンタルヘルスの専門家を含む多くの男性から話を聞いた。男性のカウンセリングに携わって25年になるベテランのセラピストは、この問題について詳しく説明してくれた。男性は8～10歳の頃から、セックスをリードするのは男性の役目で、セックスを拒まれることは男性の恥だと知るという。

「私自身、妻が乗り気でないと、いまだに恥の感覚と戦わざるをえません。そういう気分になれない理由がわかっていてもやはり傷つくし、簡単には割り切れないのですよ」と彼は言った。

恥のスイッチが入り、恥が嵐となって吹き荒れるとき、親密な愛情をはぐくむことは、情緒的にも身体的にもほとんど不可能だ。恥の嵐がセックスと親密さを直撃するだけではなく、ボディイメージ、加齢、容姿、金銭、子育て、母性、疲労、憤り、不安など、その周辺の問題にもグレムリンが潜んでいて関係をめちゃくちゃに破壊する。

こうしたとてもデリケートで個人的な問題で、どうすれば「偽りのなさ」を実践できるのか。男性、女性、カップルに質問すると、異口同音にある答えが返ってきた。

「弱さを含めた素のままの自分をさらけだし、率直で、愛のある対話を重ねることである」と。

私たちは、自分がどう感じ、何を必要とし、何を願っているかを言葉にして伝え、開かれた心と知性で聞くことができるようにならなくてはならない。生身をさらすことなしに、親密さは成り立たない。これもまた、勇気としてのヴァルネラビリティの大切なかたちなのである。

大切だと思っている人ほどたやすく傷つけることができるという事実

「ミサイルを撃つには近すぎるから、機銃で撃つ」。これは映画『トップガン』で、ヴァル・キルマー演じるアイスマンが言ったセリフだ［訳注：映画の字幕では「接近しすぎだ　機銃を」としていた］。

恥は親密な関係を破壊する。女性は、話を聞いてもらえない、認めてもらえないと思ったとき、恥を感じ、批判したり挑発したりする（「どうしていつも、ちゃんとできないの」「ちっとも、わかってくれないんだから」)。一方、男性は無能さを責められたと思うと、恥を感じ、自分の殻にこもるか（すると女性はますますつっついて、挑発する)、キレて反撃する。

夫と私も結婚して最初の数年間は、このパターンによくはまっていた。あるとき、ひどい口論になり、私が10分ぐらいガンガンまくしたてた後、夫は「20分間、一人にしてくれ。もう、ごめんだ」と言って、自分の部屋に入り鍵をかけてしまった。私は頭に血がのぼって、ドアをバンバンたたきながら「出てきなさいよ！ちゃんと決着つけてよ！」と大声で叫んだ。その瞬間、私はこの状態が何なのかに気づいてハッとした。彼はキレるか閉じこもるかの瀬戸際にいて、私は話を聞いてもらえない、わかってもらえないと悔しくて、互いにやけくそになっているのだと。

今年、結婚18年目を迎えようとしているが、夫との出会いは人生最良の贈り物だと心から思っている。とはいえ当初は、よい夫婦関係とはどういうものか、そうなるにはどうしたらいいのか何も知らなかった。今、「よい夫婦関係の秘訣《ひけつ》は何ですか」ときかれたら、こう答える。**「素の自分をさらすこと、愛、ユーモア、尊敬、けんかをしても相手の恥につけ込まないこと、相手のせいにしないこと」**。それは私たち自身の試行錯誤から学んだことでもあるが、研究を通して、また勇気をもって自分の体験を話してくれた調査の参加者たちから学んだことでもある。

パートナーや家族など、自分に近い人ほど的確に痛いところをつけるものである。その人を一番よく知り、弱みや不安を目の前で見てきたからだ。

愛する人に恥を感じさせたとき、もちろん謝ることはできるだろう。だがはずかしめた言葉は傷跡を残す。相手の弱みをついてはずかしめることは、もっとも重大な「秘密保持違反」なのだ。一番、ふれてほしくない情報を攻撃材料にする意思があるのを見せてしまったのである。

恥や愛について考えるとき、一番問われるのは、「愛を実践しているか」だ。1日10回「愛している」と言ったとしても、その通りに生きていなければ何の意味もない。もっとも無防備な自分をさらしているだろうか。信頼、思いやり、愛情、尊敬をパートナーに示しているだろうか。2人の関係が壊れるのは「愛している」と言わないからではない。愛を実践しないから傷つくのだ。

「本物になる」ということ

女らしさと関連する資質として、感じがよい、スリム、控えめなどをあげたのを覚えておられるだろうか。その調査は、男性らしさと関連する資質としては、勝つこと、感情の抑制、リスクを負う、暴力、支配、プレイボーイ、自立、仕事優先、女性に対する力の行使、同性愛への嫌悪、地位の追求といった項目をあげている。

恥を理解し、恥からの回復力をつけるには、このリストの意味をよく知ることが大切だ。前に書いたように、**恥は普遍的なものだが恥をかきたてるメッセージや期待には性差があり、恥のスイッチは、こうした女性らしさや男性らしさの規範に基づいている。**

女性はやさしく、スリムで、美しく、おとなしく、よき妻、よき母であることが求められ、自分の力を認めることは許されない。一つでも踏みはずせば、恥のクモの糸が絡みついてくる。

一方、男性は、感情をもつことをやめ、ひたすら稼ぎ、人を支配し、トップに上り詰めるか、討ち死にすることが求められている。恥の箱のフタを開けて新鮮な空気を吸おうとしたり、カーテンの隙間から外を垣間見ようとするなら、恥がこうささやく――身の程を知れ、と。

ここに示した男性らしさの資質を見ると、私はそういう男性とは生涯を共にしたくないと思うし、自分の息子をそのように育てたいとも思わない。

こうした資質が築く人生から連想する言葉は「孤独」だ。ちょうど、『オズの魔法使い』を彷彿《ほうふつ》とさせる。彼は人間らしい欲求のある本物の人間ではなく、「強くて偉大」という男性の理想像の投影にすぎない。その実態は孤独で、くたびれ果て、魂はからっぽなのだ。

恥からの回復力の強い男性や女性は、この規範のリストをよくわかっている。恥が心に忍び寄り、あるいは襲いかかるとき、彼らは「規範」が本当に現実的かどうかをチェックすることができる。恥からの回復の2つ目の要素、「冷静に分析する」を実践し、恥には振り回されない。

恥にとらわれた男性は、「彼らをリストラしなければならなくなっても、感情に流されてはいけない」と言う。だが、恥からの回復力の高い人は「私はそんなメッセージに黙って従ったりしない。彼らは何年も一緒に仕事をしてきた仲間で、家族のことも知っている。心配になるのは当たり前だ」と答えるだろう。

恥は、出張に行く女性の耳元で「あなたはよい母親ではない。息子のクラス劇を見逃してしまう」とささやく。しかし、恥からの回復力の高い女性は、こう答えるだろう。「そうね、でも今日はその声は聞かない。私の子育ては、クラス劇を1回見るかどうかで決まったりはしないから」

これまでを振り返るとき、私の調査に協力して、自分の秘密や不安、挫折、自己肯定感の回復の体験について勇気を出して語ってくれた女性たちと男性たちに、心から感謝する。妻に連れられて私の講演会に来たあの男性にも。彼が弱みをさらして率直な気持ちを話してくれたおかげで、私の仕事は、いやそれ以上に私の人生が、大きく方向転換した。

恥、ジェンダー、自己肯定感について学んできたが、一番大切なのは次のことだと思う。

「恥から抜け出し、人とのつながりを取り戻したいなら、ヴァルネラビリティこそがその道であり、勇気は道を照らす灯火だ」ということ。

「かくあるべき」のリストを捨てるには、勇気がいる。本物の人間らしい人間になるために、自分自身を愛し、互いに支え合うことは、おそらく最大の果敢な挑戦なのではないだろうか。

最後に、1922年にマージェリィ・ウィリアムズが子どものために書いた名作『ベルベットうさぎのなみだ』（BL出版）の一節を紹介したい。去年、ある友人が「あなたの言いたい『偽りのない心』ってこのことね」というメモをつけて、この本を送ってくれた。その通りだ。

愛されていると知ったとき、本物になるのは難しくはないことを、この本は美しく表現している。

「**ほんもの**というのは、からだがどんなふうにできているかということではないんだ」皮の馬は言いました。「子どもが長い長いあいだ、きみをだいじにする。そして、ただの遊び相手ではなく、**ほんとうに**きみを大切だと思うようになる。そのとき、きみはほんものになるんだよ」

「ほんものになるのは苦しいの？」ベルベットうさぎはたずねました。「ときにはね」皮の馬はこたえました。「でも、ほんものになれば、苦しいこともいやだとは思わなくなる」

「ほんものには、ぱっとかわれるの？　ネジをまいたときみたいに？」ベルベットうさぎはたずねました。

「ぱっとはかわれない。ほんものになるころにはね、もう毛もすっかりすりきれて、みすぼらしい姿になっている。ずっと子どもとなかよく遊んだからね。それでも、一度ほんものになると、もう二度と前にもどることはない。ずうっとほんもののままなんだ」

4章

なりたい自分になるために、武器を手放すということ

私たちは子どもの頃、ヴァルネラビリティや、傷ついたり、けなされたり、失望したりすることから身を守る方法を見つけた。鎧《よろい》をまとい、思考・感情・行動を武器にした。そして自分の存在を薄くし、消すことまで学んだ。大人になった私たちは、勇気と目的と人とのつながりのある人生を送るには――ずっとなりたかった自分になるには――もう一度、生身をさらさなければならないことに気づいている。鎧をぬぎ、武器を手放し、存在を示し、ありのままの自分をさらさなければならないことを。

傷つく心を守ろうとして私たちが使うさまざまな武器

「ペルソナ」という言葉をご存知だろうか。これは「舞台用の仮面」を意味するラテン語だ。傷つきやすい生身をさらす不快感から自分を守る手段を表現するのに、「仮面」や「鎧《よろい》」はうってつけのメタファーだ。仮面をかぶると安全な感じがする。鎧を身にまとうと、重いが強くなったような気になる。ところが皮肉なことに、仮面で顔を隠し、鎧で体をおおっている他人と向き合うと、イライラするし疎外感を覚える。**私たちは無防備な自分を絶対に見られたくないが、他人には一番に無防備さを求めるのだ。**

もし「ヴァルネラビリティと武器」をテーマに劇を作るとしたら、舞台はミドルスクールの食堂、登場人物は11〜13歳の自分自身にするだろう。なぜこの年代を選ぶかというと、大人の鎧は人の目には見えにくいからだ。鎧は長年身につけているうちに体になじんで第2の皮膚のようになり、本人と見分けがつかなくなる。仮面もそうだ。「もう仮面をとれません。誰も本当の私の顔を知らない。パートナーも、子どもも、友人も。誰も本当の私に会ったことがないんです。自分ですら、仮面の下にいる私がわからない」と面接で不安を打ち明ける人がたくさんいた。

思春期の入り口にいる10歳前後の子どもはそうではない。この年頃にさまざまな防具を試しはじめるが、鎧をつけてもまだぎこちなく体になじまない。不安や自己不信を隠そうとしても、まだ不器用で、どの鎧をなぜ使うのかが見え見えだ。恥や不安のレベルにもよるが、たいていの子どもは鎧の重さや仮面の息苦しさに耐えるに値する価値を感じていない。だからためらいなく仮面や鎧をつけたりはずしたりする。しゃべっているうちにコロコロ変わるぐらいだ。

「人からどう思われたっていい。みんなばかなんだから。ダンスだってバッカみたい。ねえ、○○ちゃんのお母さんに電話して、何を着ていくかきいてよ。あたしもダンス行きたいから」

昔、見ていた夕方の子ども番組は、まさにその葛藤を描いていた。本当は仲間に入れてもらいたいくせに意地悪をする少年や、両親が離婚した惨めな気持ちを必死で隠そうとする、知ったかぶりで目立ちたがり屋の少女。大人になった私たちの自己防衛のメカニズムはもっと洗練されているが、それはもともと未熟で感じやすい年頃に身につけたものなのである。

ティーンエイジャーでも熟年でも、鎧や仮面には他人と同じものは一つとしてない。和らげたい苦痛、不快感、傷つく不安が人それぞれであるのと同じだ。にもかかわらず、誰もに共通する防衛メカニズムがいくつかある。私は当初、「あの人はあの仮面、この人はこの鎧」と単純に分類しようとしたが、それは的はずれだった。**誰でも時と場合によって防具を使い分けているし、一つの防具しか使わない人はいない。**

武器庫の中を覗《のぞ》くと、私たちの心の中も見えてくる。私たちはどのようにして身を守っているのだろうか？　いつどのようにして防衛メカニズムを使いはじめたのだろうか？　そして、どうすれば鎧をぬげるようになるのだろうか？

「これで充分」という指令

1章では、欠乏感の反対は「これで充分」という充足感であることや、欠乏感の三大要素（恥、比較、関わる意欲の喪失）について話した。「私はこれでよい」と思えたとき、私たちは鎧をぬぐことができ、仮面を取ってもいいと思うことができる。充足感には自己肯定感、境界線、関わる意欲がともなう。

- 私はこれでよい（自己肯定感 vs 恥）

・これ以上はいらない（境界線を引くvsワンランク上への渇望と比較）
・存在を示し、リスクを負い、生身をさらす（関わる意欲vs関わる意欲の喪失）

私が面接した人々で、傷つく不安に苦しまない人はただの一人もいなかった。**何の留保もためらいも不安もなく、傷つく可能性に心を開けるような幸運な人など、どこにもいない。**どの人も不確実性、リスク、生身をさらすことに対して、何らかの鎧をつけて身を守ろうとし、やがてそれを捨てていったのだ。

昨年、総勢350人の特別機動隊SWATの隊員、保護監察官、看守（それは大変な威圧感だった！）に講演をした後で、SWATの隊員の一人から声をかけられた。

「われわれが、あなたの話を聞いた理由はただ一つ、あなたがわれわれに劣らず、心を開くのが下手だったからです。もしあなたが鎧をぬぐのに苦労していなければ、あなたの言葉に真実味を感じなかったでしょう」

彼の言う通りだ。だからこれから話すことには、2つの理由から確信がある。第1に、誰もが体験するグレムリンのささやき、不快感、自己不信と実際に格闘した人々が語った話に基づいていること。第2に、私自身がそれを実践し、実際に人生が根本から変わったことだ。

これから紹介する3種類の盾は、誰もが武装に取り入れている「ヴァルネラビリティの共通兵器」だ。1つ目は、喜びのさなかの不吉な予感――喜びの瞬間にそれを封じ込めようとする逆説的な不安。2つ目は完璧主義――すべて完璧にやれば恥を感じないですむという思い込み。3つ目は感覚のマヒ――不快感や痛みの感覚を鈍くするものを、何でも受け入れてしまうこと。それぞれの盾を克服する方法を書いたが、それはどれも武装解除の実績のある「これで充分」のバリエーションである。

第1の盾
喜びのさなかの不吉な予感

恥やら不安やらヴァルネラビリティやらを研究してきた私が、喜びとは何かを追究した結果、仕事も人生も一変したと告白することになろうとは！　喜びとは心から感じることが一番難しい感情ではないかと思う。というのは、**傷つく可能性を受け入れられないと、喜びに不吉な予感を抱いてしまうからだ。**人は幼い頃は心から純粋に喜べるが、自分でも気がつかないうちにだんだんそれができなくなっていく。

欠乏感にとりつかれた文化の中で生きていると、これで安全、確実、だいじょうぶだと思うことができず、喜びには裏があるような気がしてしまう。たとえば、朝、目覚めると、こう思う。「仕事は順調、家族は皆健康で、大きな問題は何もない。住まいもあり、健康のために運動をして心身ともに快調だ。だが何だかいやだ。ひどく悪い予感がする。きっと災難がすぐそこに待ち構えているに違いない」

昇進すればしたで「うまくいきすぎて信じられないぐらいだ。どこかに落とし穴がないか」とすぐに勘ぐる。2人目の子どもができたとわかると「娘は健康で幸せに育っている。でも、おなかのこの子には何か悪いことが起きるんじゃないかしら。きっとそうだわ」。初めての家族旅行にワクワクするより、もし飛行機が墜落したら、船が沈没したらと悪い想像が働いてしまう。

傷つく不安を一番感じたのはどんなときかと面接調査で質問したとき、不安や恥は予想していたものの、喜びの瞬間が出てきたことには意表をつかれた。たとえば、

- 子どもの寝顔を見ているとき
- 夫（妻）に深い愛を感じるとき
- 何かがうまくいったとき
- 仕事への愛を感じるとき
- 両親と一緒に過ごすとき

- 両親が孫たちと一緒にいるのを見るとき
- ボーイフレンドとの関係を思うとき
- 婚約したとき
- 病気が寛解したとき
- 妊娠したとき
- 昇進したとき
- 幸せなとき
- 恋をしたとき

実を言うと、それは私にもあてはまることだった。

あるときまで、私は無意識のうちに「喜びのさなかの不吉な予感」という鎧をまとっていた。喜びのときに、いつも何かの不幸を連想していたのだ。子どもの寝顔がいとおしく、温かな気持ちにつつまれた瞬間、何かとても恐ろしいことが子どもの身に降りかかるのを想像してしまう。だが、そんなことを思うのは、私だけだと思っていた。子どもが自動車事故にあって救急車を呼ぶ恐ろしい場面を、頭の中でリハーサルするのは、私ぐらいだろうと。

ところがそうではなかった。ある40代後半の女性からこういう話を聞いた。「私はいつも、よいことがあるたびに、一番悪いことが起きるのを想像してしまっていたんです。そして最悪のシナリオを描いて、それを防ごうとしました。娘が希望の大学に合格したときも、遠くへ行ったら何か悪いことが起きるに違いないと思って、秋に大学が始まるまで、地元の大学にしなさいと娘に言いつづけました。そのせいで娘は落ち込み、一緒に過ごせる最後の夏を台無しにしてしまった。苦い教訓です。今はただ幸せを祈り、感謝するだけにしています。悪いイメージを必死で振り払うんです」

ある60代前半の男性はこう語った。「昔は、最悪の事態を予期しておくのが最高の処世術だと思っていました。最悪のことを考えておけば、いざそうなっても心構えができているし、もし起きなければそれはそれで喜ばしいと。ところが、ある日それは間違っていたということを、もっともつらいかたちで思い知らされたのです。私たち夫婦は自動車事故にあい、妻だけが亡くなりました。言うまでもなく、最悪の事態を予期したからって、何の心の準備にもなりませんでした。それどころか、どうして妻がいたすばらしい時間を心から楽しまなかったのかと悔やんでいます。今、妻のためにできることは一瞬一瞬を心から楽しんで生きることだけ。もし妻がここにいてくれればと思いますよ。やっと楽しみ方がわかったのだから」

傷つく可能性を最小限にする盾としての「喜びのさなかの不吉な予感」には、「悲劇のリハーサル」から「慢性的な失望感」までレベルに幅がある。喜びが芽生えたとたん、最悪の絶望的シナリオにとりつかれる人もいる。また最初から喜びには目もくれず、「失望するぐらいなら、はじめから希望をもたないほうが楽だ。がっかりしたり舞いあがったりするより、ずっと失望しているほうがまだ安心できる。喜びは犠牲になるが、痛みは軽くなる」と、慢性的な失望感から一歩も動かない人もいる。

どちらにしろ、喜びに心を許すには無防備になることが必要だ。もしあなたが私と同じように、子どもの寝顔にうっとりした瞬間、何か恐ろしいことが子どもの身に降りかかることを想像してしまうとしても、あなたは決して異常ではないし、あなただけがそうなのではない。面接調査をした親の実に80％には似たような経験があったのだ。だが、どうして、そんなことをしてしまうのだろうか。

答えはとても単純だ。傷つく可能性に先手を打とうとしているのである。不意打ちされて傷つきたくない。無防備なところを襲われたくない。だから悲劇のリハーサルをしたり、みずから選んで失望感に閉じこもったりするのだ。

傷つく可能性を追い払うということに、意識的にも無意識的にも人生のエネルギーを費やしていると、不確実性やリスク、そして喜びを受け入れる余裕をもてない。喜びに飢え渇く一方で、傷つく可能性は受け入れられないというジレンマに陥っているのだ。

悲劇のリハーサルには、この社会の文化も1枚かんでいる。講演で「この1週間のうちにニュースやドキュメンタリーやドラマで悲惨な場面や暴力シーンを見た人は、手をあげてください」ときくと、80〜90%の人の手があがる。私たちの脳には、不吉な予感を活性化するイメージがたくさんストックされているのだ。私たちは目で見たことを信じ、吸収し、ストックしやすい「視覚人間」なのである。

先日、私たち家族は週末を過ごすため、サンアントニオまで車で出かけた。息子のチャーリーは幼稚園で覚えたなぞかけ遊びをやってみせ、反抗期の娘まで腹をかかえて笑っていた。喜びが胸にこみあげた瞬間、私は例によって傷つく不安に襲われた。ニュースで見た、横転したSUV車と投げ出された無人の座席のイメージが脳裏に広がり、全身が震えた。思わず「スピード落として！」と言っていた。夫は怪訝《けげん》な顔で振り向いた。「もう止まってるよ」

感謝をすることで乗り越える

喜びの瞬間にしばしば忍び寄る傷つくことへの不安は、悲劇の警鐘ではなく、何かに気づかせようとする合図でもある。それが何の合図か気づいたとき、私は目からうろこが落ちる思いがした。喜びのさなかの不安の揺さぶりは、感謝へのいざないなのだ。**目の前にいる人、人とのつながり、今の瞬間が、どれほどありがたいものか認めなさいと、いざなっているのである。**

感謝は、喜びのさなかの不吉な予感に対する解毒剤だ。喜びに心を開ける人は例外なく、感謝を実践することの大切さを口にする。

私の調査で喜びと感謝を語る人々は、それを人間の絆への信頼や人知を超えた力への信頼に結びつくスピリチュアルな行為ととらえていた。彼らの話の中では幸福感と喜びははっきりと区別され、幸福感は状況にまつわる感情、喜びは感謝をもって世界に関わる魂の態度を指していた。

一方、欠乏感や不安は、不吉な予感をかきたてる。このうれしさはいつまでも続かない、やがて欠けていく、喜びが失望（その他）に変わるのは耐え難い。喜びに気を許せば、後は失望するばかりで、悪ければ災いさえ招くだろうと。

また自己価値への疑問にもさいなまれる。こんなに欠点の多い私がこの喜びに値するのだろうか。飢餓に苦しむ子どもたちがいて戦渦にあえぐ国もあるのに、喜んでいていいのかと。

欠乏感の反対が充足感だとすれば、感謝を実践するとは、「これで充分であり私もこれでよいと認める」ことである。「実践」と言ったのは、感謝と喜びのある人々には、感謝の態度や感情があるだけではなく、感謝の日記をつける、感謝したことをメモしてびんに貯《た》める、家庭で感謝の行事をするなど、具体的な感謝の習慣があったからである。

実を言うと、これらのことについて、私にもっとも多くを教えてくれたのは、大きな喪失やトラウマを体験した人々、たとえば子どもを亡くした人、末期患者の家族、大事故や悲惨な事件を経験し生き延びた人々だった。彼らこそ自己肯定感や立ち直る力や喜びについてもっとも深く教えてくれたのだ。

悲しみと暗闇をくぐり抜けた人々が教えてくれた次の3つのことは、何にも代え難い贈り物である。

1. 喜びはごく平凡な瞬間に訪れる。

何か特別なものを追い求めていると、見逃してしまうことがある。欠乏感の文化では、平凡でささやかな生活を送ることがときとして不安になる。だが、大きな喪失を経験した人がもっとも恋しく思うのは、ごく平凡な瞬間だった。「主人が食卓で悪態をつきながら新聞を読んでいるのを、もう一度見ることができたら……」「息子が裏庭で笑う声をもう一度聞けたら……」「母は携帯をうまく使えなくて、メールなんかめちゃくちゃでした。でも、もう一度あのメールが読めるなら、何もいらない」

2. 今、もっているものに感謝する。

非常につらい体験を乗り越えた人に、「苦しんでいる人への共感をどう育て表現すればいいか」と質問すると、いつも同じ答えが返ってきた。「私が子どもを亡くしたからといって、あなたは自分のお子さんのことで喜ぶのをためらわないでください。今、手にしているものを当たり前だとは思わないで、心から喜んでください。あなたにあるもののことで、私にすまないと思ったりしないでください。そのことを感謝し、感謝を伝えてください。ご両親はお元気ですか。お元気なら、そのことに感動してください。あなたがご両親を大切に思っていることを伝えてあげてください。あなたが今もっているものを大切にすることは、私が失《な》くしたものを大切にすることなのです」

3. 喜びを浪費しない。

悲しい出来事や喪失にあらかじめ備えることはできない。せっかくの喜びのチャンスをことごとく絶望のリハーサルにしていたら、立ち直る力をくじくことになる。たしかに喜びに気を許すのは不安が残るかもしれない。怖いかもしれない。傷つく可能性もある。それでも喜びを受け入れ、喜びの瞬間に身をゆだねるたび、回復力と希望がはぐくまれているのである。喜びは私たちの血肉となり、悪いことがあったときに（それは必ず起きるのだが）対処できる、より強い自分になっているのだ。

私はこうしたことを理解し、感謝を実践するようになるまで2、3年かかったが、娘のエレンはもっと直感的にわかっていたようだ。エレンが小学校1年生のとき、午後の授業を休ませて2人で公園に遊びに行ったことがある。足こぎボートに乗って、家にあった固くなったパンをアヒルにあげたりしていた。ふと見ると、エレンはペダルを踏むのをやめて、じっとしていた。パンの袋を両手でつつみ、頭を後ろにそらして目を閉じていた。空を仰ぐ顔には日光が降り注ぎ、静かな笑みが浮かんでいる。その美しさとはかなさに思わずみとれてしまった。

1分ほどたったが、エレンが身じろぎもしないので、私はちょっと不安になった。

「エレン？　だいじょうぶ？」

エレンは満面の笑みを浮かべて、目を開けた。「だいじょうぶ。思い出写真を撮ってたの」

「思い出写真ってなあに？」とたずねると、「すごーく幸せなときに心で撮る写真なの。目を閉じて、パチッと撮るんだよ。それで悲しいときや怖いときやさびしいときに見るの」とエレンは答えた。

私にはこのときの娘ほどの説得力も余裕もない。いまだに感謝の表現はぎこちなく、流暢《りゅうちょう》とは言えない。喜ぶべきときに傷つく不安に圧倒されたりする。だが声に出してこう言うことにしている。「傷つくのは怖い。でも〇〇に感謝している」

もちろん、会話の中ではちょっと唐突だが、まるで大惨事が来るかのように騒ぎたてたり状況を自分の思い通りにしようとしたりするより、ずっといい。

つい最近、夫が、私の出張中に子どもたちをペンシルバニアの実家の農場に連れていくと言った。それはすてきなことだと思ったとたん、「この人たちだけで行かせるわけにはいかない。もし何かあったらどうする？　たとえば飛行機事故とか？」と胸騒ぎがしはじめた。だが、「えっ、今、航空運賃が高いのに」と非合理的な不安がばれないように理由をこしらえたり、「ずるい。私だけ置いていくの」と文句をつけたりして計画をつぶしたくなるのをこらえて、こう言った。「傷つくのは怖い。傷つくのは怖い。でも、子どもたちが……あなたと一緒に田舎を楽しめるのは……ありがたいことだわ」

夫はにっこり笑った。私が感謝の練習をしていることを知っている彼には、私が言いたいことはわかっていた。

感謝の実践を始める前は、傷つく可能性に心が揺れるときにどうやり過ごせばいいのか、まったくわからなかった。自分が実は何を怖《おそ》れ、何を感じているのかもわからなかった。そして本当は何を求めているかも――喜びは、感謝によっていよいよ深まるのだ。

第2の盾
完璧主義

私のブログのお気に入りのコーナーは、「インスピレーション・インタビュー・シリーズ」だ。もっと創造的に、もうちょっと大胆に仕事をするためのインスピレーションを与えてくれる選《え》りすぐりの人々のインタビューなので、特別な思い入れがある。

全員に同じ質問をするのだが、「偽りのない心」の研究を始めてから、ヴァルネラビリティや完璧主義についても質問している。完璧主義から脱皮して「私はこれでよい」を目指す私にとって、もっとも気になるのは、「あなたは完璧主義に悩まされることがありますか？　もしそうなら、どう対処していますか？」への回答だ。

面接データでは、喜びや成功や偽りのない心を、自分の完璧さのおかげだと言う人がまったく見当たらない。それどころか「人生でもっとも価値ある大切なものを得たのは、勇気を出して弱みをさらし、完璧さを追求するのをやめ、自分を慈しむようになったときだった」という人が多い。**完璧主義は才能や目的意識の道ではなく、かえって危険な回り道のように見える。**

後でインタビューの回答をいくつか紹介したいが、まずデータに基づく「完璧主義」の定義を説明しておきたい。

完璧主義にもヴァルネラビリティと同様、多くの誤解がある。

- 完璧主義とは、高みに向かって努力することではない。健全な目標達成や成長への努力とも違う。むしろ守りの姿勢だ。完璧にやり完璧なように見えれば、非難、批判、恥による痛みを最小限に抑え、あるいは回避できるという思い込みなのである。完璧主義は20トンの盾を引きずりながら歩くのに似ている。身を守っているつもりでも、実は真の自分の姿を見られないよう防いでいるにすぎない。

- 完璧主義とは、向上心のことではない。完璧主義の本質は、称賛の追求だ。完璧主義者には、子どもの頃から成績や能力（学業成績、マナー、ルールの遵守《じゅんしゅ》、人を喜ばせること、容姿、スポーツの成績）をほめられて育った人が多い。その過程のどこかで、この身をすりへらす危険な信念体系を身につけてしまったのだ。「何をどれだけうまく成し遂げたかで、私の存在価値は決まる。人を喜ばせよ、有能であれ、完璧であれ」。健全な努力は「どうすれば向上できるか」と自分に目を向けるが、完璧主義は「人からどう思われるか」と他人に目を向ける。完璧主義はむなしい発奮でしかない。

・完璧主義は、成功の秘訣《ひけつ》どころか成功の妨げになる。完璧主義は抑うつ、不安、中毒・依存、人生への無気力、チャンスを逃すことと相関性がある。失敗や間違いをおかすことへの不安、人の期待に応えられないという不安、批判を受けることへの不安にとりつかれると、健全な競争や真剣な努力が行われている競技場から足が遠のく。

・最後に、完璧主義は恥を避ける手段にならない。完璧主義そのものが恥の一つのかたちだからだ。完璧主義に悩まされる人は、恥にも悩まされる。

完璧主義への誤解を取り払った上で、改めて完璧主義を定義するとこうなる。

・完璧主義とは、自滅的で、病みつきになりやすい信念体系である。完璧に見せ、何でも完璧にやるなら、恥、批判、非難による苦痛を回避し、または最小限に抑えられると煽《あお》り立てる。

・完璧主義が自滅的なのは、そもそも完璧というものは存在しないし、絶対に手の届かない目標だからである。完璧主義は内的なモチベーションよりも、他人からどう見られるかを問題にする。だがどんなに時間とエネルギーを注いでも、他人がどう見るかをコントロールすることなどできない。

- 完璧主義は、病みつきになりやすい。恥や批判や非難を受けたとき、自分が完璧でなかったせいだと思い、完璧主義の論理に疑問を抱くことなくいっそう完璧を追求するうちに、深みにはまっていく。
- 完璧主義は恥や批判や非難に敏感にさせるので、ますます恥や自己嫌悪に陥りやすくなる。「私のせいだ。こう感じるのは、私に足りないところがあるからだ」

「ひび割れの美」を知る

喜びのさなかの不吉な予感と同じように、完璧主義にもさまざまなレベルがあり、私たちはそのどこかにあてはまる。たとえば誰かの好意を得たいとき、自分の欠点を隠し、人によいところを見せようと、誰でも少しは発奮するだろう。傷つく不安を感じたときだけに完璧主義が頭をもたげる人もいれば、完璧主義が強迫観念になり、慢性化し、身をすりへらす人――いわば中毒になってしまう人もいる。

どのレベルにしろ完璧主義から解放されるには、「人からどう思われるか」から「私はこれでよい」への長い旅が必要だ。この旅は恥からの回復、自己共感（自分への思いやり）、自分のすべてを認めることから始まる。**自分がどんな人間で、どんな過去があり、何を信じているかを認め、人生の不完全さを引き受けるには、少し立ち止まってひび割れの美――「欠け」があることのすばらしさを知る必要がある。**自分にも他人にもやさしくなり、大切な人に対するように自分自身に語りかけられるようになるために。

テキサス大学オースティン校のクリスティン・ネフ教授によると、自己共感には自分へのやさしさ、人間性の共通性の認識、気づきという3要素があるという。

- 自分へのやさしさ：悩んでいるとき、失敗したとき、自分はダメだと思うときに、心の痛みを無視したり自分を批判してムチ打ったりするのではなく、自分自身の温かな理解者になる
- 人間性の共通性の認識：人間は誰でも悩み、自分の無力さを感じることを知る。

「私」だけではなく誰もが経験することだということを

- 気づき：否定的な感情を抑えつけず誇張もせず、バランスのとれた対処をする。痛みを無視したら、痛みに共感することはできない。否定的な思考や感情にとらわれ押し流されないためには、自分の思考や感情と「一体化しすぎない」ことが必要

私はこの「気づき」の定義が好きだ。私は失敗すると、たちまち後悔や恥や自己批判で立ち往生しやすい。恥や苦痛を感じている自分を思いやるには、観察力と正確な認識力が必要なのだ。

また、完璧主義から解放してくれる**「私はこれでよい」という自己肯定感**は、自分のすべてを受け止めることから始まる。どんなにひどいものでも自分の一部として認めるか、それとも弱みや不完全さを認めず、あるべき姿にそぐわない部分を切り捨て、自分の価値を他人に認めてもらうために駆けずり回ってヘトヘトになるか。完璧主義は果てしなく続く演技なのである。

ここで私のブログの「インスピレーション・インタビュー・シリーズ」から、いくつかを紹介しよう。ひび割れを受け入れてありのままの自分でいることの美しさと、

自己共感の姿勢に、きっとあなたも元気をもらえるだろう。

最初は、作家のグレッチェン・ルービン。ベストセラーとなった著書『人生は「幸せ計画」でうまくいく！』（サンマーク出版）は、幸せになる方法についての研究や理論を1年間実践した記録である。ルービンは、「あなたは完璧主義にどう対処しますか」という質問にこう答えてくれた。

「ヴォルテールの名言『完璧を善の敵にするな』を自分に言い聞かせます。やりもしない5キロのランニングより、実際にやっている20分のウォーキングのほうがよい。非の打ちどころのない原稿をパソコンの中に眠らせておくよりも、不備はあっても出版する本のほうがよい。絶対に実現しない洗練されたディナーよりも、テイクアウトの中華風惣菜《そうざい》でパーティをするほうがよい」

次はカリフォルニア州バークレー在住の写真家、著作家で、人生のコーチングもしているアンドレア・シャー。彼女の主催するeラーニングやブログは、心のこもった色彩豊かで創造性あふれる生活へと私たちをいざなう。赤ちゃんを抱いて台所の床に座り、4歳の息子がジャンプするスーパーヒーロー写真を撮るのが、彼女の日常だ。シャーは完璧主義についてこう言っている（マントラがすごくいい）。

「子どもの頃、運動が得意で、皆勤賞を毎年獲得し、ミスコンで1位になるような女の子で、Aマイナスより低い点をとることが何よりの恐怖だった私は、ハイスクールに入ってから摂食障害になりました。

ええ、完璧主義に苦しみましたとも！

でもずっと克服しようとしてきたんです。子どもの頃は、完璧イコール愛されることだと思っていました……今でも混同している節があるかな。ブレネー・ブラウンが言う『自己肯定感を求めて駆けずり回る』ことが、ままあるし。アラだらけなのがバレないように、必死で踊っている。ときには自分のしていることや他人の評価によって、自分の価値をはかってしまうことがあるけど、あまり気にしなくなってきました。子育てはいろんなことを教えてくれます。しっちゃかめっちゃかですよ。自分はそれほど偉くはないってわかります。おかげで自分のしっちゃかめっちゃかな部分を見せられるようになりました。

完璧主義対策としては、ほどほどよければそれでよいと自分を許すようになりました。パッパとやって（幼児2人をかかえていれば、いやでもたいていのことは超スピードでやれるようになります）、ほどほどよければ、オーケーのスタンプを押すんです。いくつかマントラを作りました。

『きたなくても速いほうが勝つ』

『完璧にこだわったら終われない』

『ほどほどよければ言うことはなし』」


ヴァルネラビリティと完璧主義について話すときに、いつも引用する言葉がある。

それはレナード・コーエンの「アンセム」の一節で、「これで充分」を実践しようとするときに大きな慰めと希望を与えてくれる。

「すべてのものにはひびがあり、光はそこから差し込んでくる」

第3の盾
感覚をマヒさせる

「感覚のマヒ」というと中毒や依存症の話かと思って「私は関係ない」と感じる人もいるかもしれない。だがこれは誰にでも関わる話なので、もう少し読み進めてほしい。

たとえば、感覚をマヒさせる方法としてもっともよくあげられるのが、異常な忙しさである。

また、私たちは皆、何かのかたちで自分の感覚をマヒさせている。中毒や依存症のように強迫的で慢性的ではないかもしれないが、傷つく可能性を感じないように感覚をマヒさせているのだ。

日常の行動の中にも、不安や痛みを「まぎらわせる」ためにしていることがいろいろある。料理をしながら、食べながら、片づけをしながらワインをひっかける。週60時間も働く。糖分。フットボール中継。処方薬。ワインや睡眠補助薬でぼんやりした頭をすっきりさせるために何杯も飲むエスプレッソなど。

だが**傷つく可能性に鈍感になってもつらい体験の痛みは消えない**し、困ったことに愛、喜び、帰属意識、創造性、共感などの感覚まで鈍くなる。ちょうど、暗闇に鈍感になれば光にも鈍感になるように。

長年、中毒・依存の研究者や臨床家と一緒に仕事をしながら、感覚のマヒへと駆り立てるのは、主に自己肯定感と恥の問題だろうと推測していた。自分は不完全で「劣っている」と感じるとき、その痛みをマヒさせたくなるのだろうと。だが不安と断絶も大いに関わっていることがわかってきた。もっとも感覚のマヒへの欲求が強くなるのは、恥、不安、断絶が組み合わさったときである。

たとえば、生活の厳しさに対応できない不安感がこじれると、もし自分がもっと賢く、強く、有能だったら、すべてうまく対応できるはずなのにと耐え難い気持ちになっていく。そのように不安に恥が入り込んだとき、感覚をマヒさせることによって、不安定な気分と自己不全感をまぎらわせようとする。

　断絶についてもそうで、フェイスブック上では何百人も友だちがいて、仕事仲間や実生活での友人、隣人に恵まれていても、なお私たちは孤独を感じ、誰も見てくれないと思ったりする。人はつながりを求めるように生まれついていて、どんなささいな断絶にも痛みを感じるからだ。疎外感に「私は価値がないから疎外される」という恥の感情が重なると、感覚をマヒさせたくなるような痛みになる。

　断絶がさらに進んだのが孤立で、ここまで来るときわめて危険だ。ウェルズリー大学ストーンセンターの関係・文化研究者ジーン・ベイカー・ミラーとアイリーン・スタイバーは、孤立の恐ろしさを「人間が経験しうるもっとも恐ろしく破壊的な感情は、心理的孤立である。これは、単に一人であるということではない。人とつながる可能性から閉め出され、その状況を変える力もないという感情なのである。それが極限に達すると絶望感になる。この孤立と無力感の宣告から逃れるためなら、人間はどんなことでもやりかねない」と説明している。

　恥はしばしば人を絶望へと導く。どうにかして孤立と不安から逃れようとした結果、感覚のマヒ、中毒・依存、抑うつ、自傷行為、摂食障害、いじめ、暴力、自殺に至ることがあるのだ。

私自身、過去を振り返ると、恥がどのように不安と断絶を煽るかがよくわかる。私が10代後半にお酒を飲み始めたのは、パーティで他の女の子たちが次々とダンスに誘われていくとき、傷つく不安をまぎらわせ、暇そうに見えないよう取り繕うためだった。今の時代なら、きっとスマートフォンをいじっていただろう。ひとりぼっちでテーブルに残されて、それよりほかにすることがなかった。傷つきやすさから不安へ、不安から恥へ、恥から断絶へ、断絶から酒へと進んだのだ。多くの人にとって、アルコールで感情をマヒさせることは、人のあいだに溶け込みたい、人とつながりたい、不安を抑えたいという願望の、心地よくも危険な副作用なのである。

勇気を出して乗り越えよう――境界線を引く・真の慰め・魂を豊かに

感覚のマヒは、どうすれば克服できるのだろうか。

感覚のマヒをテーマに掲げた「偽りのない」生き方の人々と面接すると、皆が次の3つのことを口にした。

1. 自分の本当の気持ちを感じる
2. 感覚をマヒさせる行動に注意する（彼らも戦っているのだ）
3. つらい感情にともなう不快感を前向きに受け入れる

どれもなるほどと思ったが、さらに突っ込んで質問すると、彼らは「これで充分」をまったく新しい段階に進めていることがわかった。「大切なのは、自分はどこまでできるのか、どこからが多すぎなのかに注意して、『もういりません』と言えるようになることだ」と考えていたのだ。**自分にとって何が大切なのか、どの時点で手放せるか**に関して、彼らはとても明確なのである。

不安にどう対処するかについて調査をすると、だいたい2つのグループに分かれる。その分かれ方が興味深い。Aグループは、不安を解消する手段は、「不安をなんとかやりくりして、なだめすかす方法を見つける」ことだと言うのに対し、Bグループは、「不安を生み出すような行動を変える」ことだと言う。どちらのグループも不安の原因の一つとして現代のテクノロジーをあげていたので、それぞれのグループが日々襲来するメールや電話の嵐にどう対処するかを見てみよう。

Aグループ：「子どもを寝かしつけたらコーヒーを入れて、夜の10時から12時までメールの返事を書きます。メールが多いときには、朝4時に起きて続きをやります。返信していないメールを残したまま仕事に行くのはいやなんです。もちろん疲れますけど、相手には返事が届きます」

Bグループ：「必要のないメールは出さないことにしました。友人や同僚にもそうしてくれと頼みました。メールの返信には2、3日かかると言ってあります。本当に重要なことなら、メールではなく電話で伝えてくれと。オフィスに立ち寄ってくれれば、なおいいと」

Aグループ：「信号待ちやレジの列に並んでいるときや、エレベーターの中で、電話の用をすませます。寝るときも携帯電話は手放しません。誰かからかかってくるかもしれないし、夜中に何か思い出すかもしれないので。一度、朝の4時にアシスタントに電話したことがあります。準備中の提案に付け加えることがあるのを思い出したんです。彼女が電話に出たので驚きましたが、携帯電話は枕元に置けと私に言われたそうです」

Bグループ：「上司も友人も家族も、私が夜の9時から朝の9時までは電話に出ないことを知っています。もしその時間帯に電話が鳴ったら、間違い電話か緊急事態です。ただの仕事の話ではなくて、本当の緊急事態なんです」

Aグループは感覚のマヒの悩みがもっとも深い人々だった。彼らは不安を減らすために不安をマヒさせる方法を見つけようとし、不安を生み出すような思考、行動、感情を変えることは考えていなかった。

このテーマをめぐっては、本当に耳が痛いことばかりだった。私も疲労や不安をうまく処理する方法をずっと探しつづけていたが、私の悩みは、感覚のマヒをもっとも多く口にした人の悩みとそっくりだった。

一方、自分の価値観に沿ってライフスタイルを変え、境界線を引くことで不安を根元から断ち切る少数派のBグループは「偽りのない」生き方に分類される人々だった。Bグループの人々は、不安を減らすために境界線や制限を設けることを、ためらいなく自己肯定感と結びつけていた。「私はこれでよい」という確信がないと、「これ以上いらない」とは言えないのだ。

女性が境界線を引くことが苦手なのは、恥のグレムリンが割り込んできて、「ノーと言うことに気をつけろ。みんな、がっかりするぞ。いい子になってみんなを喜ばせなくちゃ」とささやくからだ。男性には「しっかりしろよ。男ならこのぐらいできるだろう。それとも坊やはもうヘトヘトかい？」とささやく。

勇気をもって境界線を引くには傷つく可能性を受け入れなければならないが、恥に首根っこを押さえられていては、それはできないのだ。

ここで、感覚のマヒと断絶についての話を続ける前に、データに基づき、私が定義した「愛」「つながり」「帰属意識」について紹介したい。

愛——愛がはぐくまれるのは、もっとも傷つきやすく強烈な自己を深く知られることを許容し、そこから生まれる魂のつながりを、信頼、尊敬、思いやり、慈しみの心をもって大切にするときである。

愛とは与えたり獲得したりするものではなく、大切に守り、はぐくむものであり、それぞれ心に愛がある2人のあいだでのみ、培われる絆である——私たちは自分を愛するようにしか他人を愛することはできない。

恥、非難、軽蔑、裏切り、愛情の出し惜しみは、愛が育つ根っこを傷つける。その傷が受け入れられ、癒され、また少ないときにのみ、愛は傷を乗り越えることができる。

つながり——見てもらえる、耳を傾けてもらえる、大切だと思われていると感じるとき、また批判を交えずに与え受けることができるときに、人と人のあいだで生まれるエネルギー。

帰属意識――自分よりも大きな何かに所属していたいという人間の本来的な願望。あまりに根源的なものなので、それを得るために無理に溶け込もうとしたり承認されようとしたりすることがままある。だがそれは帰属意識の代わりにならないばかりか、むしろ妨げになることが多い。本来の欠けのある自分を見せないと、本当の意味で所属することはできない。だから、帰属意識は自己受容のレベルを超えることはできないのである。

豊かなつながりのある人生を送るとは、煎じ詰めると、境界線を引くことだ。どうでもいい他人の関心を得るために駆けずり回る時間とエネルギーを減らし、家族や親しい友人とのつながりを豊かにすることなのである。

魂をいたわり、養う

「楽しみや癒しと、感覚をマヒさせることとの境目は、どこにあるのですか」と、よく質問される。人格成長教育に携わる著作家ジェニファー・ローデンは、感覚をマヒさせるために使う手段を「癒しの影」と呼んでいる。不安で、人とつながれず、傷つきやすくなり、孤独で、無力感の中にいるとき、アルコールや食べ物や仕事や長時間のインターネットで癒されるように感じることがあるが、それらは癒しの影のようなものにすぎない。

ローデンは著書『ライフ・オーガナイザー』で、「癒しの影はあらゆるかたちを取ります。問題なのは何をするかではなく、なぜするのかなのです。ひとかけらのチョコレートのおいしさを甘い宝石のように堪能することもあれば（本物の癒し）、板チョコを1枚まるごと味も感じないでヤケ食いすることもある（癒しの影）。30分のチャットで元気になって仕事に戻れることもあれば、昨夜のことで怒っているとパートナーに言いたくなくて、チャットに逃げていることもある」と述べている。

自分の行動の背後にどんな思いがあるのか、自己分析し内省することが必要だ。家族や親しい友人、支援の専門家と話してみてもよい。もしあなたの大切な人から、あなたのそうした行動が心配だと言われたら、とくによく耳を傾けてほしい。

私の場合、おいしい食事をゆっくり落ち着いて味わうことは心の栄養であり楽しみでもあるが、冷蔵庫の前で立ったまま食べるのは危険信号だ。好きなテレビ番組をソファでゆったりと見るのは楽しみだが、1時間ずっと次から次へとチャンネルを替えるのは、感覚をマヒさせているときだ。
感覚のマヒは周囲の人、ときには赤の他人にまで影響を及ぼす。2年前、私はヒューストン・クロニクル紙に、携帯電話とつながりの断絶について寄稿した。異常な忙しさと不安を煽るようなライフスタイルが周囲にどんな影響を与えるかを、目の当たりにしたからである。

先週、ネイルサロンでマニキュアをしてもらっていたとき、向かい側の2人の女性客が爪の手入れのあいだ中、携帯電話でしゃべりつづけているのを見て、ギョッとした。爪の長さやポリッシュの種類を指示するにも、うなずくか、眉をあげるか、指差すだけなのだ。

思わずわが目を疑った。

私は10年来、2人の同じネイリストにお世話になっている。彼女たちの名前も子どもの名前も知っているし、身の上も知っている。彼女たちも、私と子どもたちの名前や私の生活を知っている。携帯電話の女性たちのことを言うと、2人ともサッと目を逸《そ》らせたが、最後に小声で「あんなものなんですよ。ほとんどの人は私たちを人間だと思っていないんです」とささやいた。

帰宅の途中で、雑誌を買うために大きな本屋に寄った。レジで私の前に並んでいた女性は2冊のうちの1冊をギフト用に包装するよう指示し、新しい「リーダー・カード」を申し込んだのだが、そのあいだ、一度も携帯電話で話すのをやめず、レジの若い女性店員とは一度も目を合わせず言葉も交わさなかった――目の前に人がいることを、まるで意に介さないかのように。

本屋を出てからファストフード店のドライブスルーに入った。ちょうど注文窓口まで来たところで、私の携帯電話が鳴った。息子の学校からの連絡かもしれないので電話に出たが、ただの予約の確認だったので、すぐに終わらせた。

だが電話で「ええ、伺います」と答えたあいだに、店員の女性との品物と代金のやりとりは終わっていた。私は電話を切るとすぐに「ごめんなさいね。ちょうどかかってきて、息子の学校からかもしれないと思ったので」と彼女に謝った。

彼女の目は涙で潤んでいた。「ありがとうございます。みんな、私たちのことなんか目に入っていないんです。それでどんなに傷つくかおわかりにならないでしょうが」

彼女の気持ちがすべてわかるとは言わないが、サービス業で、見えない存在のように扱われたときにどんな気持ちになるかはよく知っている。私は大学時代、アルバイトでホールスタッフやバーテンダーをしていたことがある。心ある礼儀正しいお客様であれば、何も言うことはない。だがモノのように扱われる瞬間は、ボロボロに傷つく。残念なことに、今ではそれはめずらしくないかもしれない。

顔も見ないでウェイターに指示をする大人。子どもが店員に命令口調で話してもたしなめない親。フロント係にくってかかり、どなりつける人――実はそういう人にかぎって、上司や医師や銀行家には最上の礼を尽くすのだが。

人をモノのように扱うことは、その人の人間性を否定することである。相手の魂にも自分自身の魂にも恐ろしいことをしているのだ。オーストリア出身の哲学者マルチン・ブーバーは、「われと汝《なんじ》の関係」と「われとそれの関係」の違いを論じた。相手をモノのように扱うなら――奉仕し作業をこなすためだけの存在と見ているとき――、それは「われとそれの関係」である。「われと汝の関係」の特徴は、人間的なつながりと共感である。

ブーバーは「2人の人が誠実に人間として関わり合うとき、神は電流のように2人のあいだを走り抜ける」と言った。

私は過去10年間、帰属意識や自己肯定感や恥を研究してきたが、確信をもって言えるのは、私たちは感情、身体、そしてスピリチュアルなレベルにおいて、つながりを求めるようにできているということだ。何もビルの清掃人やドライブスルーの店員と、深く有意義な関係をもちなさいと言っているのではない。彼らをモノ扱いするのをやめ、きちんと目を見て話そうと言いたいのだ。そうするエネルギーも時間もないと言うなら、いっそ家でおとなしくしていたらどうだろうか。

しかし究極的には、これは知識や感覚を超越したスピリチュアルな問題なのである。私が選んだ行動は魂を癒し、豊かにしているか、それとも傷つく不安やつらい感情から一時的に解放するだけで、結局は魂をすりへらしているか？　私の選択は「偽りのない心」に導いてくれるか、それともむなしさが残り、また何かを探し歩くことになるのか？

スピリチュアリティは、「偽りのない心」の基本的指標の一つだ。それは宗教的な信心を指しているのではなく、自分たちよりも大きな何かの力――愛と共感に根ざす力――によって互いに固く結ばれているという、心の奥深くにある信念のことである。

ある人にとっては、それは神であり、ある人にとっては自然や芸術、あるいは人間の魂の力かもしれない。**自分の価値を認めるとは、自分が聖なるものとして創られたことを認めること**ではないだろうか。傷つく可能性を受け入れ感覚のマヒに頼るのをやめることは、究極的には魂をいたわり養うことなのだろう。

私たちはさまざまな武器を使う

ここまでは、ヴァルネラビリティから身を守るためにほとんどの人が使う共通の武器にスポットをあててきた。喜びのさなかの不吉な予感、完璧主義、感覚のマヒの三大盾は、メジャーな防具だ。後半は、さほど使用頻度は高くないが重要な防具となる仮面や武器を見ていきたい。きっとあなたにも身に覚えのある防衛メカニズムが、一つくらいは見つかるだろう。

「食うか食われるか」という盾

私が「食うか食われるか」という盾の存在に気づいたのは、ヴァルネラビリティという概念には用がないと話す人々に面接調査で出会ったときだ。彼らは傷つく可能性に価値があるという考えについてまともに取り合わなかったり、身構えたり、敵意を見せたりした。

知的・理論的な面からヴァルネラビリティの価値に疑問をもつ人々とは違い、彼らは、この世界には基本的には2種類の人間しかいないと考えている。食われる立場（いつもいいように利用され、力に屈する）か、食う立場（餌食になることを怖れて、いつも主導権を握り、支配し、権力をふるい、絶対に弱みを見せない）だ。

彼らの世界観には、勝者か敗者、生き残るか死ぬか、殺すか殺されるか、強いか弱いか、リードするかリードされるか、成功か失敗か、つぶすかつぶされるかなど、2項対立が強く表れていた。さらに言うと、彼らの人生のモットーは高い業績をあげ、敵を絶対に容赦しないことである。

この世界観がどこから来たのか、必ずしもはっきりはしないが、大半の人は子どもの頃に教えられた価値観、過酷な状況を生き延びた経験、職業上の訓練などをあげる。このタイプの人々の中には女性もいたが、大多数は男性だった。こうした世界観をもたない人も含めて多くの男性は、子どもの頃にゼロサムのダイナミクス（一方が利益を得た分、もう一方が損をし、全体はプラスマイナスゼロ）を教えられ、モデルにするので、性差に関係する部分があるのかもしれない。3章でふれたように、勝利、支配、女性に対する力の行使は、男らしさの規範でもある。

彼らの多くは、そうした育ち方や人生経験に加えて、食うか食われるかというメンタリティを強化するような職業に就き、そういう職業文化の中で生きている。たとえば軍人、退役軍人、警察官、法律・テクノロジー・金融など生き馬の目を抜くような競争の激しい世界で業績をあげている人々がそうだ。もともとの信念体系を活《い》かせる職種に就いたのか、職業体験から人生を勝ち負けでとらえるようになったのかはよくわからない。多くは前者のような感じがするが、手持ちのデータだけでは推測の域を出ないので、目下、研究中だ。

彼らは面接では個人生活の問題（リスクの高い行動、離婚、断絶、孤独、中毒・依存、怒り、疲労など）を赤裸々に語るが、食うか食われるかという世界観に問題の原因があるとは考えていなくて、人生の非情な勝負に負けたのだととらえている。

このメンタリティは家庭生活にもじわじわと入り込んでいる。**もし私たちが、人に弱みを見せることは危険で避けるべきものだと子どもに教え、そういう生き方の見本を示すなら、子どもを危険と断絶へとまっしぐらに向かわせることになるだろう。**

食うか食われるかという鎧は、支配、統制、権力の行使を固定化するだけではなく、標的にされ不当な仕打ちを受けているという被害者意識も固定化する。このレンズから見た世界には2つの立場——権力をふるうか無力か——しか存在しない。面接では、食う側になりたくないという理由だけから、食われる側に甘んじているように思える人が少なからずいた。そのような極端な2つの立場しか人生の選択肢がないと思っているなら、変革や有意義な変化への希望をほとんど抱けないだろう。そのせいか、この世界観には絶望感や閉塞感がつきまとう。

成功の再定義をし、傷つきやすい自分との再統合を果たす

「食うか食われるか」という人生観の人が、どのようにして弱さを受け入れられるようになったかを調べると、もともとこの価値観をもっているか教えられてきた人と、トラウマ体験を通してそうなった人とでは、はっきりした違いがあった。だがどちらのグループにしろ、この価値観を支える論理を崩すには「成功をどう定義するか」を問い直すのが一番よい。

勝つか負けるか、成功か失敗かというパラダイムでの勝利者は、一般の人が「成功」ととらえる基準では、まったく勝利者ではない。生き残ることや勝つことは、競争、戦闘、トラウマ体験では成功といえるが、差し迫った危険がない状況では、ただ生き残っただけでは生きているとはいえないのだ。

すべての人の割り引きがたい欲求である愛と帰属意識は、傷つきやすい生身をさらすことで初めて得られる。人とのつながりがなく、愛も帰れる場所もない状態を勝利といえるだろうか。

「勝つか負けるかという不安を煽るのは何か」をつきとめることも、弱みのある自分を再統合するためのステップである。

トラウマを乗り越える

世の中には、ドメスティックバイオレンス、性的・身体的虐待、戦闘などによる激しいトラウマ、あるいは抑圧、ネグレクト、孤立、極度の不安やストレスなど、目につきにくいが同じぐらい破壊的なトラウマを経験しながらも、驚異的に回復して、偽りのない充実した人生を送る人もいる。一方、トラウマによって人生を決定されてしまう人もいる。自分が受けた苦しみを他人に与えようとしたり、中毒や依存症になったり、安全な状況でも攻撃の不安につきまとわれたりする人もいる。その違いはどこから来るのか。

一つは恥からの回復力だ。もっとも回復力の強い人々は、恥から回復するための4要素（3章参照）を自覚的に培っていた。

もう一つは周囲の支援である。食うか食われるかという世界観のおかげで生存競争を勝ち抜いてきたのなら、それを捨てることは不可能に思えるだろうし、命取りになるとさえ感じるかもしれない。人とのつながりや信頼関係なしに、この価値観を手放すことはできないのである。

トラウマを体験しながらも偽りのない生き方をしている人々は、次のことが必要だと熱を込めて言う。

- 問題を認識する
- 専門的な支援や援助を求める
- トラウマにともなう恥や秘密に向き合う
- 弱く傷つきやすい自分の再統合に、日常的に取り組む

自分はトラウマを生き延びただけではなく、それを通して「成長した」ととらえている人は、とくにスピリチュアリティを重視していた。

「洗いざらいさらけだす」ということ

「洗いざらいさらけだす」という度を過ぎた自己開示には、2つのパターンがある。一つは「投光照明」タイプ、もう一つは「ウィンドウ破り強盗」タイプだ。

2章でもふれたが、何でも洗いざらいさらけだすことはヴァルネラビリティではない。そのようなことをした結果、つながりが切れたり、不信感が生まれたり、関わりを失ったりすることがままある。

投光照明

「投光照明」という盾の背後には、いろいろな思惑がある。痛みをまぎらわせたい、忠誠心や寛容さを試したい（「これを打ち明けても、離れていかないかどうか知りたい」）、早く距離を縮めたい（「まだ知り合って2週間。でもこのことを打ち明けるわ。だから今から親友よ」）など。

だが残念ながら、この盾を使った人には（私もそうだったが）、たいてい求めたものと反対の反応が返ってくる。引かれてしまったり心を閉ざされたりして、恥や断絶が深くなる。不快感を発散したり、相手の寛容さをはかったり、急いで距離を縮めるために弱みをさらしてみても、決してうまくはいかない。

ふつうなら、心を開いて自分の不安や希望、悩み、喜びを誰かに話すと、つながりという小さな灯《あか》りがともる。**素の自分を見せたことで、暗い場所に光が輝く。**私はそれを豆電球のイルミネーションにたとえる。一つひとつの光は小さく、とくに目を引くわけではないが、それが光の束になって瞬くと息を呑《の》むほど美しい。つながりが光を美しくしているのだ。それはつまり、自分の思うことや体験を語る相手が「それを聞く資格のある人」――話の重みに耐えるだけの関係を築いた人――であるということだ。そこに信頼があるか？　共感し合えるか？　一方通行ではないか？　どうしてほしいかを言えるか？　それらはつながりの大切な条件だ。

つながりのない人に弱みをさらしても――とくに恥の体験を話しても――その人はまぶしい投光照明を浴びたように顔をしかめるだけだろう。投光照明の強烈な光は、目がくらんで直視に耐えない。だから光を浴びた人は、目を背け、手で顔を隠す。混乱し、消耗し、操られたような気がするかもしれない。

それは光を浴びせた人が求めた共感とは似ても似つかない。共感を研究しそのスキルを教える専門家ですら、その人とのつながりの深さを超えた話を聞かされると、なかなか気持ちを寄り添わせることができない場合もある。

意図を明確にして境界線を引き、つながりを豊かにする

光の美しさは闇の存在に負うところが大きい。投光照明で照らせば闇は消えるかもしれないが、光で不意打ちをくらわせた人とのつながりは切れる。

つながりが切れたら、「やっぱりどこにも癒しなんかない」「私にはその価値がない」「もともとたいしたことのない関係だったんだ」と思うかもしれないし、距離を縮めようとあせって失敗すると、「どんなに親しい関係を求めても絶対に手に入らない」と失望するかもしれない。だがそれは、無防備さを「利用する」ことと無防備に「なる」ことは同じではないという点がわかっていないのだ。むしろ鎧をまとっているということを。

ときとして、私たちはそのことに気づかずに、誰でもいいから聞いてほしいと弱み

や恥を吐き出してしまうことがある。苦痛の種をこれ以上1秒たりともかかえていられないと、つい口に出してしまうことがある。自己防衛をするつもりも人を追い払うつもりもないだろう。だが、結果としてそうなってしまう。

吐き出す側の人にも聞かされる側の人にも、大切なことは自己共感だ。あまりに性急に多くを語りすぎたとき、そういう自分を理解して許してやる。また反対に、投光照明のまぶしさに戸惑い相手を受け止められなかったときも、そういう自分を思いやり、やさしくしていい。**自分を裁いてはいけない。**

こういう話をすると、私が講演などで自分の体験を取りあげるとき、何をどこまで話すかをどう判断するのかと質問される。

たしかに、私はすべての読者や聴衆と信頼関係を築いているわけではない。だから何を話すか話さないかは、自分なりに境界線を引き、どういうつもりでそうするのか、いつも気をつけるようにしている。

第1に、すでに克服して揺るがない思いで話せることだけを話す。プライバシーに関わることや、まだ傷が癒えていないことは話さない。

第2に、大学のソーシャルワークの訓練で学んだルールに従う。何かを教えるため、何かの前進のために自分の体験を披露するのは健全だし効果的でもあるが、自分の個人的問題を解決したいという意図があるなら不適切だし職業倫理にも反する。

大勢の人々の前で生身をさらすのは、それが聞く人の癒しに結びつくときだけで、何かの反応を期待しているときではない。

ブログや本やスピーチなどで自分の体験を公開している人に、このことを質問すると、皆、同じようなことを考えていた。

「投光照明」になるのを怖れて、貴重な体験を公開するのをやめてほしくないが、不特定多数に発信するときには、何を、なぜ、どのように伝えるかに気をつけてほしいと思う。彼らのような人々がいるおかげでたくさんの人が「私だけではない」と思えるのだから。

もし自分の中にこの盾があるのに気づいたら、次のことをチェックしよう。

- なぜこれを話そうとしているのか？
- どんな結果を期待しているか？
- 私はどんな感情を抱いているか？
- 話そうとする意図は、私の価値観に沿っているか？
- 話した結果や反応・無反応によって、私の感情が傷つくか？
- これを話すのは人とつながるためか？
- どうしてほしいかを身近な人に本音で言えるか？

ウィンドウ破り強盗

投光照明タイプがヴァルネラビリティの誤用だとすれば、度を過ぎた自己開示のもう一つのかたち、ウィンドウ破り強盗タイプは、ヴァルネラビリティを利用して他人の心を操作することである。

ウィンドウ破り強盗とは、店のショーウィンドウを破壊して手当たりしだいに盗んでいくという、ずさんで無計画でやけくそな強盗だが、それと同じように、プライバシーの境界線を破壊し、手当たりしだいに他人の注目やエネルギーを奪うのが、このタイプである。

「投光照明」は自己価値を確認したいという欲求から出ているが、「ウィンドウ破り強盗」は、注目を求める露出だ。

もちろん注目を求める裏には自己価値の問題があるのだが、現代のソーシャルメディアの世界では、本当に人とのつながりを求めているのか、ただのパフォーマンスなのか、だんだん判別しにくくなっている。ただ一つ、はっきり言えるのは、それはヴァルネラビリティ「ではない」ということだ。

自分に照らしあわせてみること

ウィンドウ破り強盗タイプの自己開示は一方通行で、彼らが求めるのは親しいつながりではなく聴衆のように思える。自分にあてはまると思った人は、「投光照明」のチェックリストで自分の現実を振り返ってみてほしい。

また「どんな欲求がこの行動に駆り立てるのか？」「特別な誰かに伝えたいのか、誰かを傷つけたいのか、誰かとつながりたいのか？　これがふさわしい方法か」も考えてみよう。

ジグザグ走行

このメタファーは、ある映画から拝借したものである。それはピーター・フォークとアラン・アーキン主演による１９７９年制作のドタバタコメディ『あきれたあきれた大作戦』で、見るたびに、おなかの皮がよじれるほど笑ってしまう。私が大好きなシーンは、2人が空港の滑走路でスナイパーの銃撃を受けながら走る場面だ。フォークス演じるちょっと無謀なCIA調査官は、クソまじめな歯医者のアトキンに「ジグザグに走れ！」とアドバイスする。アトキンは奇跡的にも隠れ場所までたどり着くのだが、ジグザグ走行をしなかったことを思い出し、やり直しをするために、もう一度、銃弾の雨の中に飛び出していくのだ。

「ジグザグ走行」というメタファーは、私たちが傷つく可能性を避けようとして、いかに膨大なエネルギーを費やすかを表現している。**本当は、正面から向かっていくほうが労力はかからない。**

対立や不快感、対決の可能性、恥をかくことや傷つくこと、自己批判や他人からの批判をかわしたいとき、私たちはジグザグ走行をすることがある。状況をコントロールしようとしたり、遠ざかろうとしたり、見て見ぬふりをしたり、どうでもいいというふりをしたりする。そのあげく、逃げ隠れしたり、取り繕ったり、回避したり、先延ばしにしたり、合理化したり、人のせいにしたり、嘘《うそ》をつくことになったりする。

私も傷つく不安があると、ジグザグ走行をする傾向がある。たとえば、神経を使う電話をしなければならないとき。双方のセリフを頭の中でシミュレーションしたり、メールのまだしなくていい理由をあげて先延ばしにすることに納得しようとしたり、メールのほうがいいかもしれないと下書きをしたり、他にすべきこと（しかも優先順位はずっと低い）を山ほど思いついたりする。そうして行きつ戻りつするあいだに、くたくたになってしまうのだ。

逃げないで、目を離さず、前に進む

傷つく可能性から逃れようとして自分がジグザグ走行をしているのに気づいたとき、私はピーター・フォークが「ジグザグに走れ！」と絶叫するシーンを思い浮かべることにしている。すると、たちまち大笑いして呼吸を整えざるをえなくなる。深呼吸とユーモアは、自分の行動の現実性をチェックし傷つく可能性と向き合うのに、とても大切なのだ。

ジグザグ走行はエネルギーを消耗する。**何かを避けようとして、あっちへ逃げこっちへ逃げるのをくり返すのは賢明な生き方ではない。**これが役立つケースがあるかどうか考えていたら、子どもの頃、家族でルイジアナの沼地に釣りに行ったとき、地元のおじいさんから、「ワニが出たら、ジグザグに走って逃げな。ワニは素早いが、方向を変えるのは苦手だから」と言われたのを思い出した。

実際、ワニは現れたが、追いかけてはこなかった。サンディエゴ動物園の専門家によると、ジグザグに走ろうが走るまいが、ワニから逃げ切るのは難しくないそうだ。ワニの走るスピードは最高でも時速16キロ程度で、そもそもあまり長い距離は走れない。ワニの得意技は不意打ちなのだ。その意味では、恥の沼地に潜むグレムリンによく似ている。だからジグザグ走行などしなくてよいのだ。逃げださず、目を離さず、前に進もう。

冷笑・批判・冷淡・冷酷

何かに果敢に挑戦しようとすれば、必ずどこかでたたかれる。あなたの挑戦が政治の世界への進出だろうがPTA活動だろうが、学校新聞への寄稿だろうが、会社での昇進だろうが、手作り品をウェブサイト上に出品することだろうが、批判や冷笑はつきまとう。あからさまな悪意にさえ遭遇するかもしれない。

「ヴァルネラビリティなんて関係ない」という人にとって、誰かが生身をさらして挑戦するのを見ることほど、脅威を感じさせ、恥をかかせてやりたい衝動に駆り立てるものはない。その人の姿が鏡のように自分の姿——存在を示し、創造的なことをし、生身をさらすのが不安な自分——をうつし出すので、攻撃したくなるのだ。

ここでいう批判とは、こきおろしや個人攻撃、他人の動機や意図に対する根も葉もない非難を指している。建設的なフィードバックや討論、異なる価値観や意見の提供のことではない。

またここでいう冷笑的態度とは健全な懐疑や疑問のことではなく、「くだらない」「しょせん、負け犬の遠吠《とおぼ》えだ」という心ない反応のことだ。

冷淡さは、もっともはびこっている冷笑的態度の一つだ。「好きにしたら」「超ダサい」「そんなの知ったことか」といった表現で示される。

人は冷淡を装うことによって、傷つく可能性から身を守ることがある。喜怒哀楽が出すぎるとか、信じやすいとか、かまいすぎるとか、熱すぎると思われるのを怖れている。学歴や家柄や地位を支えにして批判・冷笑・冷淡・冷酷の盾を取ることもある。「私はこれこれの人間でこれこれを職業としているので、あなたにこんなことを言ってもいいし、無視したっていいのだ」と。

綱渡りをして、恥から立ち直る

私はこうした問題について、アーティスト、作家、イノベーションに取り組んでいる人、企業のリーダー、聖職者、地域社会のリーダーと1年かけて面接し、どのようにして悪意のある攻撃を無視しながら、（耳は痛いが）建設的な批判を受け入れることができたのか質問した。つまり、なぜ競技場に立つ勇気を保てたのかを知りたかったのである。実を言うと、私自身、それで悩んでいたのだ。

人にどう思われようとかまわないというなら、人とつながることはできなくなる。だが人にどう思われるかによって自分を定義しはじめると、生身をさらしたくなくなる。批判をすべて無視したら貴重なフィードバックまで取り逃してしまうが、まともに敵意に身をさらすと魂がつぶれてしまう。これは言わば綱渡りなのである。恥からの回復力をバランス棒にして均衡を保ち、批判や冷笑が現実的なものかどうか一緒にチェックしてくれる身近なごく少人数の人を安全ネットにして、前に進んでいこう。

私は視覚的なタイプの人間なので、綱渡りの写真を机の前に貼って、心を開きつつ適度な境界線も維持するというバランスの大切さを忘れないようにしている。恥からの立ち直りを実践するのを忘れないために、写真の中のバランス棒には「自己肯定感は私の生まれながらの権利」とサインペンで書き込んだ。またイライラしたときのために、「冷酷は、了見が狭くて安易で臆病なしるし」と付箋に書いて写真にくっつけている。どちらも私の信条だ。

面接の参加者の中には、以前は傷つく可能性から身を守るために批判的で冷笑的な態度をとっていたが、やがて偽りのない生き方へと変わったという人もいる。

彼らの多くは、親の批判的・冷笑的な態度を見て育っていた。それをそのまま模倣しているのに気づいたのは、なぜ素の自分をさらすのが怖いのか、新しいことに挑戦することや関わることが不安なのかを分析しはじめたときだという。

彼らは他人をこきおろすことに喜びを感じるような病的なエゴイストではなく、むしろ他人よりも自分に対して厳しかった。

ルーズベルト大統領の演説にある**「ただの批判者に価値はない」**という一節は奥が深い。私が面接をした中で自分をそういう批判者だととらえている人は、例外なく自分には「価値がない」と感じていた。彼らは往々にして、無視され存在を認められていないという思いに苦しんでいた。批判は、自分の声を聞いてもらうための手段だったのだ。

綱渡り、恥からの立ち直り、攻撃されて傷ついたときに支えてくれる仲間（安全ネット）を作ることに加えて、私は2つのことを実行している。

一つは、同じように競技場に立つ人のフィードバックだけを受け入れ、心に留めることだ。ときには発言したことでコテンパンにたたかれても、つぶれないでフィードバックに心を開きつづけようと模索する人が、私の仕事について意見を言ってくれるなら心に留めたい。一方、相手のためを思うわけでなく、貢献したいのでもなく、自分のグレムリンと戦おうともしない人が何を言おうと、まったく興味はない。

もう一つはやはり単純なことで、私が意見を重んじている人の名前を小さな紙に書き、財布に入れてもち歩いている。そこに名前があるのは、私の長所も悩みも愛してくれている人、私が偽りなく生きようとしながらも、悪態をついてしまうのを知っている人、私のiPodにイージーリスニングとヘヴィメタルが共存しているのを知っている人。冴《さ》えない私を知りながらも、なお尊重してくれる人だ。

誰でもそんな友はせいぜい一人かそこらだろう。大切なのは、そのような友をないがしろにして、卑怯《ひきょう》で意地悪く冷淡な誰かの歓心を買おうとしたりしないことである。

5章

理想と現実のギャップを埋める方法

ギャップを意識することは、勇気のいる戦略である。現実の自分となりたい自分とのギャップを見つめ、何より大切なものとして掲げている価値観を実践しなければならない。ギャップを意識するには、自分の弱さやもろさを受け入れることと、恥からの回復力をつけることが必要だ。

私たちはリーダーとして親として教育者として、これまでとは違う、少し居心地の悪いかたちで存在を示すことが求められている。だが完璧である必要はない。ただ熱意をもって関わり、価値観と行動を一致させるよう努力すればいいのだ。今、立っているところと行こうとしているところとのギャップを、いつも意識しながら。

「マインド・ザ・ギャップ（隙間にご注意ください）」というフレーズが最初に登場したのは、１９６９年。ロンドンの地下鉄のホームと電車の隙間に注意を呼びかける警告だった。以来、バンド名や映画のタイトルにもなり、Ｔシャツや玄関マットのロゴにも使われている。わが家でも、「マインド・ザ・ギャップ」の絵葉書を小さな額縁に入れて飾っている。今、立っているところと行こうとしているところとのギャップをいつも意識できるように。

戦略と文化

ビジネスの世界では、戦略と文化の関係、またどちらがより重要かについて、絶えず議論がある。

最初に定義しておくと、「戦略」とは「ゲームプラン」、つまり「何を達成したいのか、どうすればそれを達成できるのか」を具体的に表現したものだ。家庭にも職場にも、プロジェクトチームにも幼稚園にもゲームプランがある。何を達成したいのか、それを実現するためにどんなステップが必要かが考えられている。

一方、「文化」は、達成すべき目標というより現状を指すものだ。文化とは何かについては、さまざまな複雑な定義があるが、私がもっとも共感できるのは、組織開発研究の草分けのテレンス・ディールとアラン・ケネディによるきわめてシンプルな定義だ。「文化とは、その場所でのやり方のことである」。この定義のよさは、欠乏感の文化というときのような広い意味での文化にも、ある具体的な企業やわが家の文化についてもあてはまるところだ。

リーダーたちと話すと、戦略と文化のどちらが大切かという議論が、必ず何かのかたちでもちあがる。「文化にとって、戦略は取るに足りないものだ」という経営学者ピーター・ドラッカーのものとされる名言を引く人もいれば、両方とも重要で、2つを対立項のようにとらえると誤った二分法を生むと言う人もいる。おもしろいことに、文化よりも戦略が大切だという強い主張には出合ったことがない。誰でも理屈の上では、「現状」は少なくとも「達成目標」に劣らず大切だということは納得しているようだ。

文化、つまり「その場所でのやり方」はとても複雑なものだが、次の10の質問で考えると、そのグループ、家庭、組織の文化や価値観について、実に多くのことが見えてくる。

1. どんな行動がほめられるか？　罰せられるか？
2. リソース（時間・金銭・注意）をどこにどのように使っているか？
3. どんなルールや期待が遵守《じゅんしゅ》され実行されているか？　無視されているか？
4. どう感じたか、どうしてほしいかを気がねなく言い、支援が受けられる雰囲気か？
5. 「聖域」は何か？　それを覆しそうな人は誰か？　聖域を守っているのは誰か？
6. どんな伝説があり、その伝説はどんな価値観を伝えているか？
7. 誰かが失敗したり、期待に応えられなかったり、ミスをしたりしたとき、どんなことが起きるか？
8. ヴァルネラビリティ（不確実性、リスク、生身をさらすこと）はどう認識されているか？
9. 恥や非難がどのぐらい蔓延《まんえん》しているか？　どのようなかたちで表れているか？
10. 集団として、不快感にどの程度耐えられるか？　学習や新しいことへの取り組み、フィードバックにともなう不快感がふつうのこととして認識されているか、それとも不快感がないことが重んじられているか？

こうした質問はその集団の文化を理解する手がかりになるだけではなく、断絶、関わる意欲の喪失、自己肯定感の悩みなどの暗い部分を白日のもとにさらす。また「言葉」と「行動」の不一致、つまり信奉している価値観と実践している価値観との不一致を浮き彫りにする。

私たちがよかれと思うこと、会社のデスクに掲げた個人目標や企業理念、子どもへのお説教などに見られる価値観を、友人のチャールズ・キリーは「抱負としての価値観」と名づけている。

問題を見つけ出して変革の戦略を立てようとするなら、**抱負としての価値観と実践している価値観（実際にどのように生き、感じ、行動し、考えているか）を照らし合わせてみる**必要がある。私たちは語る言葉にふさわしく生きているだろうか？

関わる意欲の喪失

家庭、学校、地域、企業の大半の問題の根っこには、関わる意欲の喪失があるというのが、私の持論だ。それはいろいろなかたちをとる。傷つく可能性や恥、喪失感、目的を失うことから身を守ろうとして深く関わらなくなることもあるし、上司や教師、聖職者、親、政治家などリーダーが社会契約上の役割を果たしていないのを感じて、関わる意欲をなくすこともある。

政治の世界は、社会契約に関わる意欲の喪失が表れている惨めな好例だ。政治家たちは自分たちが従う必要がなく影響を受けないような法律を作り、一般人だったら解雇されたり離婚されたり、あるいは逮捕されたりしかねないようなことをしていて、彼らが信奉する価値観はめったに行動に表れない。政治家同士の恥と非難の応酬は、見ていて恥ずかしくなるほどだ。政治家が社会契約上の役割を適切に果たしていないので、選挙の投票率からわかるように、国民は政治に関わろうとしなくなっている。

宗教もそうだ。人々が宗教に関わらなくなっているのは、一つには宗教的指導者が、自分が説く価値観に従って生きていないからである。

ここで疑問が出てくる。関わる意欲の喪失やつながりの断絶を煽《あお》るような文化を、意図的に家庭や学校、地域社会、企業の中に作り出そうとしているわけではないのに、どうしてそうなるのだろうか？　どこにギャップがあるのだろうか？

それは**実践している価値観（実際に行い、考え、感じていること）と抱負としての価値観（行い、考え、感じたいと思っていること）とのあいだ**にある。つまり、価値観のギャップである。この隙間の中に、部下やクライアント、生徒、教師、そしてわが子までもが落ちていく。家庭や職場や学校で隙間が広がっていくとき、あるところまでは大股でまたいだり、助走をつけて飛び越えたりすることができるかもしれないが、いずれその距離は決定的になり、私たちもそこに落ちていく。人間性を奪うような文化は、生身の人間がとても越えられないような価値観のギャップを作り出し、関わる意欲をどんどん削《そ》いでいくのである。

家庭で起こりがちな問題を例に考えてみよう。家庭を例にとるのは、誰でも家庭に属しているからだ。子どもがいない人でも、かつては子どもである。次のどのケースでも、実践している価値観と抱負としての価値観の隙間が広がって、関わる意欲を削ぐ有害なギャップを生み出していることを見てほしい。

1. 抱負としての価値観――正直と誠実
実践している価値観――理由をつけて正当化する、成り行きまかせ

母親は日頃から子どもたちに、正直で誠実であることは大切で、盗みやカンニングは絶対にダメだと言い聞かせている。ところがある日、スーパーでどっさり買い物をして車に乗り込んだ後で、母親は店員がカートの底にあったソーダに課金しなかったことに気づいた。しかし店に引き返そうとしないで、「こっちのせいじゃないわ。どうせあっちは儲《もう》かっているんだし」と肩をすくめた。

2. 抱負としての価値観――尊重と責任
実践している価値観――さっさと楽にすませたい

父親はふだんから、お互いを尊重し責任を取ることを子どもたちに説いている。だがボビーがサミーのおもちゃをわざと壊したとき、父親はスマートフォンに夢中になっていて、兄弟のおもちゃをどう扱うべきかを子どもたちと腰を落ち着けて話そうとはしなかった。ごめんなさいを言って償いなさいと諭すどころか、肩をすくめて、「男の子はこういうものさ」とつぶやき、それぞれ自分の部屋に戻りなさいと命令した。

3. 抱負としての価値観――感謝と尊重
実践している価値観――いじめる、当たり前だと思って感謝しない、軽蔑する

母親と父親はいつも自分は見くびられていると感じ、子どもたちの態度の悪さにうんざりしている。だがそもそも親自身がどなり合ったり悪態をついたりしている。親をはじめとして家の中で「お願いします」「ありがとう」という言葉を口にする人はいない。親同士がけなし合い、子どもをけなす。相手が泣き出すまでいじめるのも日常茶飯だ。問題は、子どもに求めるような行動、感情、思考の模範を、親がまったく

示していないということである。

4. 抱負としての価値観――制限を設ける
実践している価値観――反抗とカッコよさ

ジュリーは17歳で弟のオースティンは14歳。両親は喫煙、飲酒、ドラッグについてはどんな例外も許さない方針だが、それはかたちばかりになっている。ジュリーもオースティンも喫煙で補導されたし、ジュリーは最近、水筒にウォッカを入れて学校にもっていっているのがバレて停学処分になった。ジュリーは親に向かってどなる。「何よ、偽善者！　高校の頃、パーティで羽目をはずしてたんでしょ。楽しかったって言ってたじゃない。写真まで見せて」

それでは2つの価値観が一致する例を見てみよう。

抱負としての価値観――心のつながり、気持ちを大切にすること
実践している価値観――心のつながり、気持ちを大切にすること

父親と母親は「気持ちを大切にする」ことを子どもたちに教え、手本を示してきた。ある日の夕方、ハイスクール2年の息子ハンターがバスケットボールの練習から帰ってきたが、見るからに心を乱している様子だった。最近、彼には大変なことが重なり、バスケットボールのコーチからもきつくあたられていた。ハンターはキッチンの床に大きなかばんを放り出すと、そのまま2階へあがっていった。両親は夕食の用意をしていたが、ハンターが自分の部屋に入るのを見届けると、ハンターの弟に、「お兄ちゃんと話があるので少し待ってて」と言った。

両親は2階のハンターの部屋に行き、ベッドに腰かけた。「この数週間、とても大変だったのはお父さんもお母さんも知ってるよ。おまえの気持ちがすべてわかるわけではないが、知りたいんだ。私たちもおまえの年頃にはつらいことがいろいろあった。だから力になりたいんだよ」

(これはギャップを意識しながら関わりを深めようとする、お手本のような例だ)

以上の例は、私が創作したものではなく面接のデータから引用したものだ。無論、私たちはどんなときでも完璧なお手本を示せるわけではない。それは私自身、痛感している。だが**抱負としての価値観と実践している価値観がいつも食い違っているのでは、関わる意欲が失われていくのは当然**だ。

もしスーパーで買い物をした母親が疲労困憊《こんぱい》していて、一度だけレジに戻らなかったことがあるのなら、それほど大きな影響はないかもしれない。だが「これですませてしまおう、私のせいじゃないんだし」というのがその人の行動基準なら、子どもへの要求も見直さなくてはならないだろう。

帰宅してからでも、「ちゃんとレジに戻ってソーダのお金を払うべきだったわ。どちらのせいかなんて関係ない。今日中にお店に行ってくるわ」と言うなら——それもすばらしい。「私は自分の価値観と一致した生き方をしたいと本気で思っている。この家では、完璧でなくてもいいし、失敗してもいい。でも、できるときに償わなくてはいけない」というメッセージが伝わる。

飲酒するティーンエイジャーの例のような悩みは、親たちからしょっちゅう聞かされる。「私も昔は荒れてたんです。子どもにはやってほしくないようなことをしていました。過去の悪行についてはは嘘《うそ》をついたほうがいいんでしょうか」

私も昔は荒れたティーンエイジャーだったが、嘘をつくかどうかという問題ではないと思う。肝心なのは「何を」「どのように」伝えるかだ。自分の体験を話すときは、なぜそうしたいのか、何を教えたいのかを吟味しよう。

文化と戦略の話に戻ろう。文化と戦略は両方とも大切だし、勇気ある挑戦のできる文化を築くには勇気のいる戦略が必要だ。つながりと関わりを取り戻すには、まず抱負としての価値観と実践している価値観のギャップに気づく必要がある。

ギャップを意識することは、勇気のいる戦略である。現実の自分となりたい自分とのギャップを見つめ、何より、大切なものとして掲げている価値観をも実践しなければならない。**ギャップを意識するには、自分の弱さやもろさを受け入れることと、恥からの回復力をつけることが必要だ。**

私たちはリーダーとして親として教育者として、完璧である必要はない。ただ熱意をもって関わり、価値観と行動を一致させるよう努力すればいいのだ。ただし私たちが競技場に入り、生身をさらし、チャレンジしようとする瞬間に、グレムリンは必ず背後から忍び寄り、猛攻をかけてくることを覚悟しておこう。

続く2つの章では、本章の概念を用いいながら、関わる意欲を培い、子育て・教育・リーダーシップを変革するために何をすべきかについて、私の考えていることを述べていきたい。以下の3つの問いに沿って進めていこう。

1.「足ることを知らない」文化は、学校、職場、家庭にどう影響しているか？
2. 私たちは職場、学校、家庭でどのように恥を見分け、恥と戦っているか？
3. 学校、職場、家庭でギャップに気づき、果敢なる挑戦をするとはどういうことか？

6 章

人間性を取り戻す破壊力のある関わり

リーダーは欠乏感がリーダーシップや仕事に与える影響を理解し、傷つく可能性に向き合うことを学び、恥の存在を見分けて克服しなければならない。

ヴァルネラビリティと恥について率直に話すことには、これまでのことを覆すような破壊力がある。組織の中でそれが話されないのは、暗部を白日のもとにさらすことになるからだ。だがいったん言葉にして表現し、気づき、理解するようになると、もう後戻りはできない。それでも私たちは勇気をもって挑みたい。

最初に、ここで「リーダー」とはどういう人を指すのか明確にしておきたい。**リーダーとは人や物事のプロセスの潜在力を発見する責任を負う人**だと、私は考えている。地位や肩書き、部下の数などは関係ない。この章は、勇気を出してリーダーシップをとるすべての人——親、教師、地域のボランティア、企業のCEOなど——のために書いた。

「関わる」という概念を徹底的に見直す

2010年に、私はシリコンバレーのCEO50人の週末研修会に講師として招かれた。もう一人の講師はケビン・スレイス。当時、彼はシリアス・マテリアルズのCEOで、「インク」誌の2009年度の最優秀企業家に選ばれていた。彼が既成の考えを覆す「破壊的イノベーション」について話すことは知っていたので、講演の前、まだ私の専門を知られないうちに、「創造性とイノベーションの最大の壁は何だと思いますか」と質問してみた。

彼はちょっと考えてから答えた。「それを指す言葉があるのかわかりませんが、新しいアイディアを発表してばかにされたり、笑われたり、けなされることへの不安でしょうね。それを乗り越えたとしても、次は失敗への不安や間違えることへの不安に襲われる。人は自分とアイディアの価値を同一視しやすくて、アイディアがあまり奇抜に見えてはいけない、全部把握していなくてはならないと思い込む。ところがイノベーションのあるアイディアはたいていとっぴに見えるし、失敗して学習することは革命的進歩の一環なのです。真の革命には勇気と創造性が必要なのです」

私はにっこりして、こう言った。「おっしゃる通りです。大半の人や企業は、真のイノベーションの不確実性やリスクに耐えられません。もともと学習や創造にはもろさがつきもので、絶対確実にはなりえません。それでも人は保証を欲しがる」

すると彼は「そうです。この問題を何と呼ぶのか知りませんが、不安に関係する何かが人を縛るのです。だからすでに成功したものに力を注ぎ、奇抜なものに賭けようとしない」と言った。ちょっと間を置いて、彼は「あなたは学者さんですよね。ご専門は？」ときいてきた。

「その『不安に関係する何か』を研究しています。恥とヴァルネラビリティを」

ホテルの部屋に戻って、スレイスとの会話を研究ノートにメモしているうちに、このノートに書いた別の話を思い出した。ミドルスクールの生徒と授業について話したとき、ある女子生徒の言葉に、他の生徒たちが何度もうなずき、「それ、それ」「まさにそれだよ」と言っていたのだ。その女子生徒はこう言ったのである。

「質問や意見の時間ってあるけど、それを嫌がる先生だったり、発言した子をからかう人がいたりすると最悪。下を向いて黙っているのが一番いいって、みんなわかってるんです。そうすればいい点とれるって」

このメモとスレイスとの会話について思いめぐらすうちに、気が滅入ってしまった。教師としては胸が痛んだ――下を向いて黙っていては、学習はできない。ミドルスクールと幼稚園の子どもをもつ母親としては、ひどく腹が立った。そして研究者としては、学校と職場の問題は瓜二つなことに初めて気づいたのだ。

当初、私は教育者の問題とリーダーの問題は別だと思っていたが、データを分析するうちに、教師もリーダーであり経営者や管理職も教師であることに気づいた。企業にしろ学校にしろ、創造性、イノベーション、学習が欠けると伸びないし、この3つの要素の大敵は「関わる意欲の喪失」なのである。

これまでの研究や学校・企業のさまざまなリーダーとの出会いから、私は**「関わる」という概念を徹底的に見直す必要**を感じている。だからそれを、「既成の考えを覆す破壊力のある関わり」と呼びたい。創造性、イノベーション、学習をふたたび燃え立たせるには、**リーダーは教育と仕事の中に人間性を取り戻さなくてはならない。**

つまり欠乏感がリーダーシップや仕事に与える影響を理解し、傷つく可能性に向き合うことを学び、恥の存在を見分けて克服しなければならないのである。

恥の存在を見分け、克服する

恥は不安を生む。傷つく可能性に耐える力をくじき、関わる意欲、イノベーション、創造性、生産性、信頼をつぶす。何より恐ろしいことに、問題が目に見えるかたちで現れたときには、すでに組織は荒廃しているかもしれないのだ。

恥は家に巣くうシロアリのようだ。壁の奥の暗闇でシロアリが建物をむしばむうちに、ある日突然、階段が崩れ落ちる。そのとき初めて、家が崩壊するのも時間の問題だと気づくのである。

ただ何となく家の中を見回るだけではシロアリを発見できないように、企業や学校を通りいっぺんに観察しただけでは、恥の問題は見えてこない。だからもし管理職が部下をなじったり、教師が生徒をはずかしめたりしているのを見つけたら、すでに問題は深刻で、ずっと前から続いている可能性が高い。

だがまずは、組織に恥の問題があるかどうかを評価するとき、何に着目すべきかを知る必要があるだろう。

どこにでもある恥のサインを見逃すな

非難、陰口、えこひいき、中傷、ハラスメントは、どれも恥の蔓延《まんえん》を示すサインである。もっとはっきりしているのは、あからさまに恥を利用して人を管理している場合だ。リーダーがいじめをしたり、部下を同僚の前で酷評したり、人前で叱りつけたりしていないだろうか。

私は、恥の問題がまったくない学校や企業に出合ったことがない。存在しないとまでは言わないが、おそらくそれに近いのではないだろうか。学校で恥について話すと、たいてい後で一人かそこらの教師が来て、日常的に恥を指導に利用していることを打ち明ける。どうすれば変えられるかききにくる人がほとんどだが、中には誇らしげに「効果があるんですよ」と言う人もいる。

学校に恥の問題があると私が確信する理由の一つは、恥の研究で面接した人々の85%は、学校での恥の体験によって学習能力に自信を失ったと報告していることだ。そのうち約半数は文章、絵、音楽、踊り、その他の創作活動についてへたくそだと評価されたという「創造性の傷」だ。今日の学校でも、それは日常茶飯のように起きている。教師の狭量な基準で芸術に点数をつけ、幼稚園の子どもに才能があるだのないだのと言ったりしている。

企業も問題をかかえている。職場いじめ問題研究所はいじめを「反復される不当な扱い。労働の遂行の妨害、言葉による虐待、威嚇的な行為、脅迫、屈辱」と定義しているが、2010年にゾグビー・インターナショナルが同研究所のために行った調査では、約5400万人（全米の労働人口の37%）もの労働者が、職場でいじめを経験していた。同研究所の別のレポートによると、いじめの被害にあった労働者の52・5%は、雇用主は何の対策もとらなかったと報告している。

恥が人を管理する道具になっているのに気づいたら、すでに自分自身も染まっている可能性があるので、直接的な行動を起こさなくてはならない。ただ手をこまねいていては、被害者だけではなく組織全体にとっても危険だ。

数年前、講演会の後でファイナンシャル・アドバイザーのドンという男性が「ぜひ私に面接してください。うちの会社の話を聞いたら耳を疑いますよ」と話しかけてきた。それで面接したのだが、彼の会社では四半期の成績によってオフィスの部屋を決めるのだという。トップの成績をあげた人が最初に部屋を選び、そこにいた人はクビになるのだ。

「私が六期連続トップだからといって、このシステムを気に入っていると思いますか。冗談じゃないですよ。悲惨な環境だ」と彼は声を震わせた。前回の成績が出たとき、上司は彼のオフィスに来てドアを閉めると、部屋を移動しろと言った。

「最初、成績が落ちたんだと思いました。ところがそうじゃない。トップだとかこの部屋が好きかとかどうでもいい、要は他の社員に恐怖心を与えることだと、ボスは言うんです。モチベーションの問題だと」

彼は転職するつもりだと言った。「今の仕事は向いていると思うし好きでもあります。でも誰かに恐怖を与えるために仕事に就いたんじゃない。どうしてこんなにいやな気分になるのかと思っていましたが、講演を聞いてやっとわかりました。恥ですよ。もっとましな職場を探そうと思います。もちろんクライアントも連れてね」

30代のイベントプランナー、シルビアは「半年前に面接してもらえたらよかった」と言って飛び込んできた。恥のせいで人生が変わったと感じていた彼女は、友人から私の研究のことを聞いて面接を志願したのだという。

シルビアの仕事ぶりは上司から「抜群のでき」と評価されるほどだったが、3年目にして初めて大きな失敗をし、重要なクライアントを失ってしまった。すると上司は彼女の名前を「負け組リスト」に載せた。「一瞬にして、勝ち組リストから負け組リストの筆頭になったんです。上司のオフィスの壁には2つの大きなホワイトボードがかけてあって、一つが勝ち組リスト、もう一つが負け組リストなんですよ」。それから数週間、自信を失《な》くした彼女はガタガタになり、失敗が続いた。恥と不安と怖《おそ》れにとりつかれていたのだ。3週間後、彼女は転職した。

この2人のケースでは、ただ関わる意欲を失っただけではなく、実際に会社と関わるのをやめ、その才能はライバル社のものとなったのである。

恥は中からだけではなく、外からもやってくる

恥のサインについては、外からの脅威にも注意する必要がある。外圧が仕事への思いを揺るがすこともある。

数年前のこと、幼稚園教諭をしている妹のアシュレーが泣きながら電話をかけてき

た。「ヒューストン・クロニクル」紙に、ヒューストン独立学区内の全教員の、生徒の標準テストの成績に基づくボーナス額が氏名入りで載ったという。その日、私はまだ同紙を読んでいなかったのでびっくりした。わけがわからなかった。

「幼稚園の子どもはテストなんて受けないじゃない。なぜ載っているの？」

アシュレーによると、ボーナスが最低額の教師として彼女の名前が載っていたという。しかも、それは幼稚園教諭の中では最高額であることは説明されていなかった。もし他の職業で給料やボーナスの額を公表され、しかも不正確な報道をされていたらどうだろうか。

「恥ずかしくて死にそうだわ」と彼女は泣いた。「ずっと教師になるのが夢だった。休む間もなく働いてきたわ。家計を切り詰めて、学用品を買えない子どもに買ってあげたこともあったし、放課後も親の相談にのった。私だけじゃないのよ。自分の評価やボーナスなんて度外視して、一番手のかかる子どもに自主的に特別な指導をしている先生もいる。この仕事が大好きで子どもを信じているから、そうしているのよ」

残念なことに、こうした見せしめ的な評価はテキサス州にとどまらず、全国に広がっている。それでも救われるのは、**勇気ある発言をする人々が出てきた**ことである。

ビル・ゲイツは、ニューヨーク州立控訴裁判所が教師の業務評価を公開してもよいと裁定したことに対し、「ニューヨーク・タイムズ」紙の論説でこう述べている。「教師の質を向上させる体系的方法の開発こそが、今日の教育の急務である。もっとも確実に教師の質を下げる方法は、深い考えもなく公の場ではずかしめることだ。教師の質の向上のための人事制度の構築にこそ、力を注ぐべきである」

ビル・ゲイツの論説をフェイスブックで引用すると、たくさんの教師からコメントが寄せられた。「私にとって、教えるとは愛することです。ただ知識を伝えるのではなく、なぜだろうと不思議に思い、想像力を働かせ、発見するという雰囲気を作り出すことです。解消できないような苦痛や不安、耐え難い恥のために自分を見失ったら、もう教えるということはできません……知識は伝達できても、意味のない存在になってしまうのです」というベテラン教師の言葉には胸が熱くなった。

恥から回復するための戦略

今日、私たちが直面している複雑な問題は、創造性、イノベーション、熱意ある学習なしには解決できない。恥から回復できる組織を築くための戦略を4つあげよう。

1. 恥について率直に話し合い、恥から回復できる文化を築こうとする勇気と意欲のあるリーダーを支持する
2. 恥が組織のどの部分に働いているか、どのように同僚や生徒との関わりの中に忍び込んでいるかを良心的に監視する
3. 「ふつうのことにする」ことは、恥からの回復の重要な戦略である。リーダーは、何を期待できるのかを理解させることによって、関わる意欲をはぐくむことができる。よくある悩みは何か？　他の人はどう対処してきたか？　あなたはどんな体験をしてきたか？
4. 恥と罪悪感の違いや、成長や関わる意欲をうながすようなフィードバックの方法を、すべての職員に教育する

フィードバックのギャップに気づく

企業であれ学校であれ家庭であれ、果敢な挑戦ができる文化は、率直で建設的で熱意あるフィードバックのある文化である。労働をテーマとする面接で、「フィードバ

ックの欠如」が最大の懸念として浮かびあがったとき、私はショックを覚えた。**フィードバックのないところには、変革は起こらない。**リーダーが部下に彼らの強みや成長のチャンスを伝えなかったら、彼らは自分が貢献しているのか、リーダーに熱意があるのか疑問を抱くようになる。そして関わる意欲を失っていく。

面接で、フィードバックが欠如する理由をたずねると、表現こそ違うが、皆、２つの問題をあげていた。

1. きついことを話すのは気持ちのよいことではない
2. 前進につながるようなフィードバックを与え、受け取る方法がわからない

喜ぶべきことに、この問題を解決するのは難しくない。もし企業がフィードバックの文化を創り出すことを、「抱負としての価値観」ではなく優先事項として実践するならば、必ず実現できる。誰でも心からフィードバックを求めている——誰だって成長したいからだ。だから成長と関わる意欲をうながすようなフィードバックの方法を身につけるだけでよい。

きついことを話すのに「不快感を覚えなくなる」ことではなく「不快感がふつうのことになる」ことを目指す文化ではフィードバックが盛んになる。もしリーダーが真

の意味での学習、批判的思考、変化を望むなら、それにともなう不快感を当たり前のことにしていかなければならない。

「成長と学習にはある居心地の悪さがともなうもので、ここでもそうだ。不愉快になるときもあるかもしれないが、それは正常で当然起こることだと知ってほしい。そう感じるのはあなただけではないので、心を開いて前向きに受け入れてほしい」と。

これは学校、宗教団体、家庭などどんな組織のどのレベルにもあてはまる。これまで研究した「偽りのない」組織でも、不快感をふつうのこととして受け止めていたし、私自身、大学の教室や家庭でそのようにしている。

現在、私はヒューストン大学で教鞭《きょうべん》をとって15年目になるが、いつも学生に「ただ心地よいだけならば、私は教えていることにならないし、あなたがたも学んでいることになりません。必ず不快感を覚えるはずだし、それでいいのです。それは正常なことで、学習の一つのステップなのです」と言っている。

不快感を覚えるのがふつうであり当然であることや、不快感の原因や大切さを教えるだけでも、不安や怖れや恥を軽くすることができるし、不快感を覚える時期を、誰もが通過するものとして認識するようになる。実際、私の学生たちは「まだ不快感がなくて、心配です」と言いに来る。それを糸口にして、彼らの学習への関わり方や私の教え方について貴重な対話やフィードバックができることが少なくない。

リーダーに求められているのは、不快感を怖れない勇気を培い、不快感を成長の一環として受け入れることを教える必要性を、頭でも心でも理解することだ。

前進につながるフィードバックを与える方法については、私のルーツであるソーシャルワークがよい指針を与えてくれる。これまでの経験で言うと、価値あるフィードバックの要は「ストレングス（強み）視点」だ。ソーシャルワークの教育者デニス・サリービーによると、強みの視点では、その人のかかえている問題を、潜在力、才能、能力、可能性、ヴィジョン、価値、希望といった強みから分析する。問題の深刻さを無視するわけではなく、肯定的な特質を、問題解決のための潜在的なリソースとしてとらえるのである。

もっとも得意なことともっとも改めたいことは、往々にして同じ基本行動の程度の差にすぎない。**「欠点」や「限界」には、たいてい強みが潜んでいる。**

たとえば、私が人のすることによく口出しし、細かいところまでうるさいということは自己嫌悪の原因にもなるが、責任感が強く、頼りがいがあり、質の高い仕事をしているととらえることもできる。いちいちうるさいという問題が消えるわけではないが、強みの視点に立てば、自信をもって自分を見つめ、改めたい行動を冷静に評価することができる。

私は強みの視点を学生に教える機会として、プレゼンテーションを利用している。

プレゼンテーションを聞く全員にフィードバックをさせ、目に見える強みを3点、成長のチャンスを1点あげさせる。強みの評価を活《い》かして、成長のチャンスへの取り組みを提案するのがポイントだ。あるスピーチへのフィードバックを例にとってみよう。

〈強み〉

1. 感動的な体験談で、たちまち関心を引きつけたこと
2. 聞き手の生活にも関係のある例を取りあげていたこと
3. 結びとして、この授業の学習に関連し、すぐに実行できる方法を提案したこと

〈成長のチャンス〉

体験談や例には共感できたが、スライドの文字を追いながら話を聞くのが、少し大変だった。話は聞きもらしたくないしスライドも見逃したくなかったので。スライドの文字を減らしても——たぶんスライドがなくても、充分に伝わると思う。

研究を通してよくわかったのは、フィードバックを与えるにも、受けるにも、求めるにも、ヴァルネラビリティがそれらの鍵だということである。どんなに訓練し場数を踏んでも、傷つく可能性はなくならない。**それでも経験を重ねるうちに、生身をさ**

らしても死ぬことはないし、リスクを負う価値はあるとわかってくる。

フィードバックの場面での最大の誤りは、傷つく可能性から身を守ろうとして「武装」してしまうことだ。傷つく不安を感じるのはフィードバックを受ける側だけだと思われがちだが、実はそうではない。

高校の校長スーザンは、親から苦情が出ている一人の教師と話し合うことになっていた。授業中にきたない言葉で生徒をののしる、私用電話をかける、生徒が勝手に教室を出入りしたりサボったり携帯電話をかけたりしているのを見ても注意しないと訴えられていた。こうした場面での「武装」はいろいろなかたちをとる。

たとえば問題の教師が校長室に来たら、謹慎処分の書式を出して、「かくかくしかじかの苦情が来ています。ここにサインして、今後、二度とこのようなことのないようにしてください」と言い、3分間で終わらせることもできるかもしれない。だがそこにはフィードバックはなく、成長も学習もない。ただ片づけただけだ。その教師が態度を改める可能性は低い。

また、あんな教師はこきおろしてやって当然と自分を納得させるのも、武装のうちだ。だいたい誰でもそうだが、スーザンも傷つく可能性をかかえ込むより怒るほうが楽なので、やや独善的にこう心の中でつぶやく。「もうたくさん。あの人は私の立場なんて、全然、考えていない。最初に会った日から問題ありだと思っていた。やるならやりなさい。それでどうなるか見せてあげる」

建設的なフィードバックを与え、よい関係を築くチャンスになったかもしれないのに、一発くらわせておしまいだ。そこにはフィードバックもなければ成長も学習もなく、ましてや変化など起こらない。

私自身、向こう気が強く、けんかっ早いところがあって、怒ることは得意だが傷つくことにはあまり強くない。だから傷つく可能性があると、武装したい誘惑にかられる。幸い、この仕事をしているおかげで、自分こそ正しいと感じるときは実は不安になっているのだとわかってきた。間違うことや、誰かを怒らせることや、非難されるのが怖くて、自分を守るために肩を怒らせているだけなのだと。

「テーブルの同じ側につく」ということ

ソーシャルワークの訓練では、話し方だけではなく、どこにどう座るかということまで注意を払う。私はデスクをはさんでクライアントと話すことをしない。デスクを離れて、クライアントと向き合える椅子に座り、大きくかさばるものをあいだにはさまないようにしている。

学生の頃、ソーシャルワークの教授に成績の評点のことで訴えに行ったときのことを思い出す。デスクにいた教授は立ちあがり、小さな丸テーブルの椅子にかけるよう私をうながすと、別の椅子をもってきて隣に座った。

それまで私が心に武装をしてイメージしていたのは、大きな金属製のデスクをはさんで教授と対峙《たいじ》し、挑戦的な態度で論文を広げ、なぜこの評点なのか釈明を求める場面だった。

教授が隣に座ると、私はテーブルに論文を広げた。彼女は「この論文のことで来てくれてよかったわ。とてもよくできていますよ。結論もすばらしい」と言って私の背中を軽くたたいた。教授は私と同じ側にいるということを、私は戸惑いながらも理解した。

私はどぎまぎしながら「ありがとうございます。精一杯やりました」と言った。

教授はうなずいて「わかりますよ。ただ減点したのは、レポート形式のフォーマットができていなかったからです。そこに注意して修正してくれませんか。これを出版用に提出することもできるんですが、フォーマットでつまずいてほしくないので」

まだ頭が混乱していた。出版できるって？　評価してもらえていたの？

「フォーマットのことで、わからないことはありますか？　あれはちょっと面倒なので、私もマスターするのに何年かかかったんですよ」と教授は言った。

やり直すので修正したものを見てもらえますかときくと、彼女は快く承諾しいくつかアドバイスをくれた。私は時間を割いてもらったことを感謝して、部屋を出た。評価だけではなく、これほど親身になってくれる先生をもったことがうれしくてたまらなかった。

私は今、**「テーブルの同じ側につく」**をフィードバックの重要ポイントにしている。これを使って、「熱意あるフィードバックのチェックリスト」を作った。

私がフィードバックをできるのは――

- 相手と向き合うというより、隣に座ろうと思えるとき
- 問題を2人のあいだではなく（あるいは相手のほうに押しやるのではなく）、2人の前に置こうと思えるとき
- 耳を傾け、質問し、問題を完全には理解できないということを受け入れる用意があるとき
- 失敗を責め立てるのではなく、うまくできたことを認めたいとき
- 相手の強みと、その強みを活かして問題に対処できることを認められるとき

- 恥をかかせたり非難したりしないで、責任をとらせることができるとき
- 私にも責任の一端があるのを認めようと思えるとき
- 失敗を批判するよりも、捧《ささ》げた努力に心から感謝できるとき
- 問題を解決すれば成長のチャンスにつながると話せそうなとき
- 相手に期待するヴァルネラビリティと開かれた心の見本を示せるとき

もし生徒と教師と親がテーブルの同じ側につくことができたら、教育はどう変わるだろうか？　もしリーダーがあなたの隣に座って、「あなたの貢献に感謝します。あなたはこういう成果をあげた。ただこの問題が成長の妨げになっているので、一緒に取り組んでいきましょう。どうすれば前進できると思いますか？　あなたをサポートするために私のやり方がどう変わるとよいでしょうか？」と言うなら、あなたの「関わる意欲」はどう変わるだろうか？

高校の校長スーザンの話に戻ろう。彼女は問題の教師をたたきのめすべく心の武装をしていた。もし彼女がこのチェックリストを読んだら、自分はフィードバックや指導ができる状態にはないことに気づくだろう。とはいえ、親からの苦情には対処しなければならないし、時間は待ってくれない。プレッシャーの中では、フィードバックに適した精神的・心理的余裕をもつのはとても難しい。

そういうときに、どうしたら余裕を作り出せるのだろうか？　武装したままフィードバックをしても、長続きする意味ある変化は生み出せない。ボロクソに言われたときに、心を開いてフィードバックを受け入れたり責任を認めたりすることができる人など、一人もいないのだ。本能的に自己防衛に走るだけだろう。

一番よいのは、彼女がみずから心を開いて、同僚の誰かにフィードバックを求めることだ。私が面接をした中でフィードバックを重んじ実行している人は、同僚にフィードバックやアドバイスを求めること、ときには難しい状況のロールプレイをすることが必要だと語っていた。自分自身が積極的にフィードバックを受けようとしないなら、与えることも決して上達しないだろう。もしスーザンが感情を整理して問題の教師に向き合うことができれば、望ましい変化が起きる可能性はずっと高くなる。つまるところ、スーザンがこの教師とテーブルの同じ側につけるかどうかなのだ。

スーザンはフィードバックを受けることによって、自分がその特定の教師に腹を立てているのか、若い教師たちのあいだで教育のプロにふさわしくない態度が当たり前のようになっていることに危機感を抱いているのか、理解するかもしれない。**フィードバックを与え求めることは、学習し成長するということである。**自分を知り、自分が周囲の人にどう反応しているかを知ることは、フィードバックの土台である。

フィードバックが、もっとも戦いの厳しい競技場の一つであることに間違いはない。

だがそこで勝利するとは、よいフィードバックを得ることでも、難しいフィードバックをするのを避けることでも、必要なフィードバックを避けることでもない。鎧《よろい》をぬいで、存在を示し、関わることなのである。

生身をさらす勇気

最近、ヒューストン大学のウォルフセンター企業家養成プログラムで講演する機会があった。このプログラムは35～40名の選抜された大学生とメンターをペアにして、総合的なビジネスの研修を行うもので、大学生向け企業家プログラムとして高く評価されている。私はヴァルネラビリティと物語の力について話すことになっていた。

質疑応答の時間に、ある学生が、ヴァルネラビリティについて、きっと多くの人の心に浮かぶであろう疑問を口にした。「ヴァルネラビリティが大切なことはわかりました。でも、営業マンだったらどうでしょうか。自分が知らないことについて顧客から質問されたとき、そのまま『ぼくは新人なので、自分でも何をやっているのかわからないんです』と言うんですか？」

彼の質問を聞いた学生たちはいっせいに私のほうを振り向いて「そうですよ、それじゃ、まずいでしょう。本当にそうすべきなんですか？」と言いたげな顔をした。

私の答えはノーでありイエスだ。そのシナリオでのヴァルネラビリティは、知らないという弱みを認めることだ。そういうときには、ちゃんと顧客の顔を見て「わかりません。でも調べて、必ず正確な情報をお届けします」と言えばいい。弱みときちんと向き合えないとき、弁解したり質問をかわそうとしたり、最悪の場合、でたらめを言ったりすることになる。それはどんな関係においても致命傷だ。私が営業のプロと話をして教えられたのは、「セールスは人間関係がすべてだ」ということである。

それでも、自分の仕事だから知っているべきなのに知らなかったときの不安な気持ちを、顧客ではなく誰かに――上司や同僚に話して支援や指導を受け、誰にでもあるふつうのこととして受け止めるようになることは大切だ。自分の仕事なのにわからない、でも顧客にはそう思われてはならない、しかも助けを求められず、悩みを話せる人がいないという場合のストレスと不安を想像してほしい。そんな状態では、とても関わる意欲を保てない。やがて手を抜くようになり、どうでもよくなり、しまいにはいなくなってしまう。人材はそうやって失われていくのである。

講演後、あるメンターにこう言われた。「長年セールスをやってきましたが、『わかりません』『間違えました』と言える勇気ほど大切なものはありません。正直でオープンであることは、生活のどの場面でも成功への鍵なのです」

昨年、テキサス州オースティンのT3の創業者ゲイ・ガディスにインタビューすることができた。彼女が1989年に資本金わずか1万6000ドルで立ち上げた広告会社は、今やマイクロソフトやファイザー、コカ・コーラなどの一流企業をクライアントとする国内最大手の広告会社であり、彼女自身も「ファスト・カンパニー」誌の「女性企業家トップ25人」や「インク」誌の「今年の企業家10人」に名を連ねている。

ガディスへのインタビューでは、ある企業ジャーナリストの意見について感想を求めた。そのジャーナリストは、何重ものシステムに守られている大企業のリーダーとは違い、起業家にはもろさをかかえる余裕はないと考えていた。それを聞くと彼女は、**「もろさを閉め出したら、チャンスまで閉め出すことになります」**と微笑《ほほえ》んだ。

「そもそも起業はもろさをかかえたものなんです。いかに不確実性に対処し乗りこなすかの勝負です。人も予算も取締役会も変化していく。常に斬新で機敏でなければ、競争を勝ち抜けません。ヴィジョンを創造し、それを実現していかなければならない。でも、もろさをかかえない絶対確実なヴィジョンなどないんですよ」

これから起業しようとする人に対してアドバイスを求めると、「成功に必要なのは、強力な支援ネットワークとよい指導者です。それから自分の感覚や思考を研ぎ澄ますため、雑音をシャットアウトする方法を身につけること。あとはすべて出し尽くすことでしょうか。結局はヴァルネラビリティなのです」という答えが返ってきた。

もう一つ、例をあげよう。今度は大企業の例だ。ルルレモン社のCEOクリスティン・デイは、あるときからリーダーシップのアプローチを変えた。デイはCNNマネーのインタビュービデオで、「かつて自分は『いつでも正しい』優秀で有能な管理職だった」と話している。彼女の転機は、スタッフが自覚的に仕事に取り組めるようにするには「命令」ではなく、みずからそこにたどり着くように誘導することが必要だということ、また彼女の仕事は人が実力を発揮できる場を作り出すことだと気づいたときだった。この変化は「最善のアイディアや解決策をもつこと」から「最善のリーダーになること」への変化だったという。

これはコントロールすることからヴァルネラビリティと向き合う（リスクを負い、信頼をはぐくむ）ことへの変化である。もろさをかかえることはときには無力感を生むが、彼女の変化は大きな前進を生み出した。店舗数は71店から174店に、収益は2億9700万ドルから約10億ドルに増え、ルルレモン社の株価は2007年の新規株式公開から300％アップしたのである。

「スタッフに求める資質は、責任を引き受け、リスクを負い、起業家精神をもっていることです。その人なりのマジックをもっている人が欲しいのです。たとえばアスリートはすばらしい。彼らは勝つことだけではなく負けることにも慣れています。敗北に対処し修正する術《すべ》を知っているのです」。デイはまた、失敗を許容することの大切さを強調する。**「うちの鉄則ですか？　失敗したら後片づけをすればよい、です」**

企業、学校、家庭、その他どんな組織でも、次の言葉がどれだけ頻繁に気兼ねなく使われているかによって、人々がヴァルネラビリティにどう向き合っているかがよくわかる。

- わかりません
- 助けてほしい
- 試してみたいんです
- 私には重要なことです
- 私はそう思いません。それについて話しませんか？
- うまくいきませんでしたが、とても勉強になりました
- はい、やったのは私です
- これが私に必要です
- これが私が感じていることです
- フィードバックをもらえますか
- これを試してもらえませんか

- どうすれば次はもっとうまくいくだろうか
- やり方を教えてください
- 私も関わっていました
- そのことは私に責任があります
- 手伝いますよ
- 力になりたいんです
- 次に進もう
- すみませんでした
- とても助かります
- ありがとう

リーダーにとって、たいていヴァルネラビリティはあまり気持ちのよいものではない。セス・ゴーディンは著書『トライブ』（講談社）で、「集団を率いることにともなう不快感をいとわない人はめったにいない。だからこそ、リーダーシップには価値がある……知らない人々の前に立つことや、失敗するかもしれないアイディアを提案するのは心地よいことではない。現状を打破することや、現状に安住していたい衝動に耐えるのは愉快なことではない。もしあなたがリーダーとしての仕事に不快感を覚えていないなら、おそらくまだリーダーとしての潜在能力を発揮していないのである」というようなことを言っている。

これまでのデータやリーダーたちとの面接のメモを読み返すうちに、もし生徒が教師に対して、また教師が校長に対して、どんなリーダーシップを求めているか発言することができるなら、何と言うだろうと考えた。顧客サービス窓口の担当者は上司に何を求めるだろうか。自分たちの何を知ってもらい、何をしてもらいたいだろうか？

その答えを書きはじめると、声明文か宣言のようになってきた。次がそれである。

果敢な挑戦へのリーダーシップを求める宣言

CEO、教師、校長、管理職、政治家、地域のリーダー、意思決定をする人々へ

私たちは自分の存在を示し、学び、インスピレーションを与えることを望みます。

私たちは人とのつながりを求め、好奇心を抱き、ものごとに関わるように生ま

れついています。

目的を求め、創造し貢献したいという深い欲求をもっています。

リスクを負い、傷つく可能性を受け入れ、大胆でありたいと願っています。

学習と労働から人間性が失われるとき——あなたがたが私たちを見ることをやめ、挑戦をうながさなくなり、私たちが作る製品や業績にしか目を留めなくなるとき——私たちは関わる意欲を失い、世界が必要とする才能、アイディア、情熱を捨ててしまいます。

私たちが望むのは、あなたが私たちに関わり、すぐそばで存在を示し、私たちから学ぶことです。

フィードバックは互いを尊重し合う手段です。あなたが私たちの強みや成長のチャンスについて率直に語らないなら、私たちの貢献とあなたの熱意に疑問を抱きます。

何よりも、あなたが存在を示し、生身をさらし、大胆であることを求めます。一緒に果敢な挑戦に踏み出すために。

7 章

「偽りのない」子育てのための終章

私たちがどんな人間であり、世界とどう関わっているかは、子育ての知識がどれだけあるかということより、はるかに正しく子どもの将来をうつす鏡である。「足ることを知らない」文化の中でも果敢に挑戦することを子どもに教えたいなら、問題は「正しい育て方をしているか？」ではない。むしろ「私は、子どもにこう育ってほしいと思えるような大人だろうか？」ということなのだ。

まず自分が望ましい大人になる

子育てはこの上なく不確実なものなので、確実なものが欲しくなる。だから、ハウツー式の育児法がいかにも魅力的に見えてくるが、それは危険でもある。確実さを求めるあまり何かを絶対視して、違いを認められず、人を裁きたくなるからだ。一つの方法や理論に固執すると、「わが家の方法」がたちまち「正しい方法」に化ける。人並み程度のこだわりがあるだけでも、他人が自分とは違うやり方をしていると、自分の育児を批判されたかのように感じたりする。

親がお互いを批判しがちなのは、実はたいていの人は自信のないまま手探りで子育てをしているからだ。何だかんだ言っても、自分のやり方に確信があるなら、ひとりよがりな批判をしたりしない。自分の子どもによいものを与えている自信があれば、オーガニックでないミルクをあげている人を見ても、呆《あき》れて目を回して気絶したりはしない。だが**自分の選択を疑う気持ちがどこかに潜んでいると、自分の正しさを証明したい欲求が目を覚ます。**完璧な親ではないかもしれないという不安から、少なくとも誰かよりましだと確認したくなるのだ。子どもについて抱く希望や不安には、完璧な子育てというものはありえないし、確かな保障など何もないという恐るべき事実が潜んでいる。

世の中は、ある育児法のよしあしや、困ったタイプの親についてあれこれ批判して盛りあがるが、肝心の厳しい真実から都合よく目をそらしている。その真実とは、私たちがどんな人間であり、世界とどう関わっているかは、子育ての知識がどれだけあるかということより、はるかに正しく子どもの将来をうつす鏡だということである。

私は子育ての専門家ではない。熱心だが完璧ではない親であり、熱意ある研究者だ。「はじめに」で述べたように、地図を描くことにかけてはベテランだが、迷いつつまきながら進む一人の旅人にすぎない。多くの人がそうであるように、子育ては私にとって最高に勇気のいる挑戦なのだ。

恥の研究を始めた頃から、私は子育てに関するデータを集め、調査の参加者の生い立ちや子育てに、大いに注目してきた。理由は単純で、**自己肯定感――「私はこれでよい」と思えること――は、生まれた家庭で始まる**からだ。もちろん物語はその後も続くのだが、子ども時代に自分自身について、世界への関わり方について学んだことは、その後の人生の筋道を決める――自己価値を求めてもがきつづけるのか、希望と勇気と立ち直る力をもって人生を歩めるのかを。

私たちの行動、思考、感情には、生まれつきのものと環境の影響によるものがあるとはいえ、愛、帰属意識、自己肯定感は、基本的に生まれた家庭で作られるということは、はっきり言える。そこで耳にしたこと、語りかけられたこと、そして何より親が世界と関わる姿を見ることによって、決まっていくのだ。

親は自分が思うほど子どもの気質や性格を左右することはできないし、欠乏感の文化も親の思い通りにはならないが、別の面で大いに力を発揮できる。子どもが自分のもって生まれたものを理解し、活《い》かし、感謝できるように手助けすること、「足ることを知らない」文化の過酷なメッセージに直面しても、立ち直れる子に育てることなどだ。

「足ることを知らない」文化の中でも果敢に挑戦することを教えたいなら、**問われるのは「正しい育て方をしているか？」ではない。むしろ「私は、子どもにこう育ってほしいと思えるような大人だろうか？」ということだ。**

ジョゼフ・チルトン・ピアスが書いているように「親の姿勢は親の言葉よりも、子どもに多くを教える。だから、このように育ってほしいと思えるような人間でいなくてはならない」のである。

家族の物語の中心には、ヴァルネラビリティがある。それは、喜び、怖《おそ》れ、悲しみ、恥、失望、愛、帰属意識、感謝、創造性、そして毎日の驚きを形づくる。子どもを抱いているときも、そばに立っているときも、追いかけていくときも、閉ざされたドア越しに話しかけるときも、私たちの、そして子どもたちの人格を形づくっていく。

傷つきやすい生身を受け入れなければ子育ては、「どうあるか」ということではなく、知識をつけ、証明し、実行し、成果をはかることの競い合いになってしまう。もし「誰の勝ち？」ときくのをやめ、学歴、成績、スポーツ、トロフィー、業績で子どもをはかるのをやめれば、子どもに望むことは、自分自身のために望んでいることと同じだとよくわかるのではないだろうか。偽りのない心で、生き、愛せる人になってほしいと。

偽りのない心を目標とするなら、何より、このような子どもに育てる努力をしよう。

- 自己肯定感をもって世界に関わる子
- 自分のもろさや不完全さを受け入れる子
- 自分にも他人にも深い愛情と思いやりのある子
- 懸命な努力、忍耐、尊敬を大切にする子
- 自分らしくあるという本来感と帰属意識をもち、それを自分の外に求めない子
- 不完全であること、傷つく可能性があること、創造することを怖れない子
- 人と違ったり悩みをかかえたりしても、恥ずかしい、愛されていないという不安に怯《おび》えない子
- 勇気と不屈の精神をもって、この激しく変化する世の中を進んでいける子

そして、親には次のことが求められる。

- 自分がもっていないものは子どもに与えられないことを認識し、子どもと一緒に成長し、変化し、学ぶ
- 鎧《よろい》で自分を守っていることを認め、それをぬぎ、傷つく可能性を受け入れ、存在を示し、生身をさらすことのお手本になる
- 自分自身が偽りのない生き方を追求しつづけることによって、子どもを尊重する
- 欠乏感ではなく「これで充分」という姿勢で子育てをする
- 抱負としての価値観と実践している価値観とのギャップに気づき、子どもに教えたい価値観を実践する
- これまで以上に果敢な挑戦をする

ありのままの自分を愛して受け入れる子になってほしいなら、私たち自身がありのままの自分を受け入れて愛さなくてはならない。勇気ある子に育ってほしいなら、親自身の人生で、不安や恥や非難を利用してはいけない。人生に目的と意味をもたらすのは、思いやりと人とのつながりにほかならないが、それは経験によってしか学べない。そして、それを最初に体験する場所が家庭なのだ。

本章では、自己肯定感、恥からの回復力、ヴァルネラビリティについて、とくに子育ての研究から学んだことを伝えたい。子育ての方法を教えるつもりはない。偽りのない心の子どもを育てるという果敢な挑戦が見えてくるような、新しい視点を提供したいと思う。

北極星に向かって旅をするように

子どもが生まれたら、親は自分の旅を終えて子どもの旅が始まるといわれるが、とんでもない誤解だ。多くの人にとっては、子どもが生まれてからこそが、人生で最高に楽しく生産的な時代である。

偽りのない子育てとは、すべてに正解を見つけてそれを教えることではなく、子どもと一緒に学び、探求することだ。そしてときには、子どものほうがずっと先に進んでいて、私たちが追いつくのを待っていたり、引き返して手を引っ張ってくれたりすることさえある。

「はじめに」で述べたように、愛と帰属意識を心から感じている人と、それを求めて苦しんでいる人を分ける要素はただ一つで、自分は愛と居場所をもつに値すると信じているかどうかだ。私はよく、偽りのない心を北極星にたとえる。決してそこにたどり着くことはできないが、正しい方向に進んでいるかどうかは確かめられる。自分の価値を信じられる子に育てるためには、私たちが努力してそんな人生を進む姿を示さなくてはならない。

ここで忘れてはならないのは、**自己肯定感に条件はいらない**ということだ。だが私たちは、たいてい条件をいくつも並べたがる。それは親から受け継いだり、習得したり、いつのまにか身につけたものだったりするが、ほとんどは、何かを達成するとか、獲得するとか、まわりから受け入れられるという類のものだ。

「もし～なら」私には価値があるという条件は、どこかに書いてあるわけではないし、その存在にさえ気づかないかもしれないが、誰もがこの条件リストをもっている。たとえば、

- もっとやせたら
- この学校に受かったら
- 妻が浮気をしていなければ
- 離婚しなければ

・昇進したら
・赤ちゃんができたら
・デートに誘われたら
・このあたりに家を買えれば
・誰にもバレなければ

恥は条件が大好きだ。だからこの条件リストは、恥のグレムリンの「やることリスト」に比例してどんどん長くなる。「赤ちゃんをあんなに太らせちゃいけないって思われていることを、彼女に思い出させなくちゃ。あいつ知ってるかな、新しい上司はMBAをもっている人間しか評価しないんだよ。友だちはみんな去年結婚したのを彼女が忘れてたら、ちょっとつついておこうっと」

子どもが恥からの回復力や自己肯定感をはぐくめるようにするには、意識的に、あるいは知らないうちに、子どもに条件をつきつけていないかどうか気をつけなければならない。愛されるか愛されないかの決め手を、あからさまに、またそれとなく伝えていないだろうか？　叱るときは変えるべき行動だけに焦点を合わせ、その子の価値まで問われているわけではないことがはっきり伝わるようにしているだろうか？

子どもにとってもっとも有害な暗黙のメッセージの中には、3章で取りあげたような、男性らしさや女性らしさの規範に由来するものがある。女の子はスリムで、かわいらしくて、控えめにしなくては、と言葉に出して、または言外に教えていないだろうか？　男の子も繊細で愛情豊かであり、尊重しなくてはならないと女の子に教えているだろうか？　男の子なら冷静沈着で、経済力と地位を求め、多少強引であってほしいというメッセージを送っていないだろうか？　女性や女の子をモノ扱いするのではなく、知的で有能な存在として尊敬するよう、男の子に教えているだろうか？

完璧主義も条件の出所の一つだ。完璧主義は実に伝染しやすい。親が完全無欠であろう、そのように生きよう、そう見られようともがくのは、完璧主義という拘束衣を子どもにかぶせてがんじがらめにしていくようなものなのだ。4章で述べたように、**完璧主義は、高みを目指して努力することも、ベストの自分になることも教えてくれない。**自分がどう考え感じるかよりも、他人にどう思われるかを気にすることを教えるだけだ。「期待に応えよ、人を喜ばせよ、実力を証明しろ」と。残念ながら、私自身の日常にもそういうことがたくさんある。

娘のエレンは初めて学校に遅刻したとき、大泣きした。規則を破り、先生や校長先生を困らせたとすっかり動転していたのだ。「それほど大きな問題じゃないのよ」とか「誰でも時間に遅れることはあるんだから」となだめて、やっと落ち着かせた。その夜、私たちは夕食後に小さな「遅刻パーティ」を開いて、初遅刻を乗り越えたお祝いをした。それでようやくエレンは、これはそんなに大きな問題ではないし、誰でもするような失敗をしたからといって、悪い子だと決めつけられたりしないんだと納得したのだった。

それから4日後の日曜日の朝。私は教会の礼拝に遅刻しそうなので泣きそうになっていた。「どうしていつも時間通りに出られないの！ 遅刻しちゃうわ！」。するとエレンは私を見あげて、真顔でたずねた。「パパとチャーリーはあと1分で来るよ。何か大変なことになりそうなの？」。「違うわ。遅れて入って通路をこそこそ歩くのがいやなのよ。礼拝は9時5分からじゃなくて9時からなの」。エレンはちょっと戸惑った顔をしたが、すぐににっこりして言った。「たいしたことないよ。誰でも遅れることはあるんだから。おうちに帰ったら、遅刻パーティをしてあげるね」

条件や完璧主義は、無意識のうちに伝わってしまうこともある。『青い眼がほしい』(早川書房)の著者トニ・モリスンの言葉は、私にとって最高の育児のアドバイスになった。エレンがまもなく初めての誕生日を迎えるという頃に見た、テレビのショーで、モリスンはこう言った。「子どもが部屋に入ってきたとき、みなさんは顔を輝かせますか？」

「私は子どもがまだ小さかった頃、子どもが部屋に入ってくると、ズボンの前が留まっているか、髪がきちんととかしてあるか、ソックスがずり落ちていないかをチェックするために子どもを見ていました。……私たちは子どもを心から愛していれば、それはおのずとにじみ出ると思いがちです。でもそれは違う。子どもの目にうつるのは、アラ探しの表情なのです。おかしなところはない？　という顔です」

「心の中にある思いを表情で語りましょう。子どもが部屋にやってきたら、あなたに会えてうれしいと表情で伝える。それだけでいいんです」

私は文字通り毎日、この言葉を思い出す。もう習慣といってよい。朝、娘が身支度を終えて階段を駆け下りてくるとき、最初にかける言葉が「髪を結びなさい」とか「その靴、服に合わないわよ」にならないようにしたい。エレンの顔を見られてどんなにうれしいか、一緒にいられてどんなに幸せなのかを、表情で伝えたい。トカゲを捕まえに行った息子のチャーリーが、汗と泥だらけになって勝手口から帰ってきたら、「手を洗うまで何もさわっちゃダメ」と言う前に、笑顔を投げかけたい。

批判したり、怒ったり、いら立ったりするのが親のつとめだと思ってしまうことが、あまりにも多い。**表情一つで、愛される条件をつきつけることもできるし、あなたは愛される価値のある存在だと伝えることもできる。**子どもが部屋に入ってくるとき、批判するのではなく、顔を輝かせたい。

恥と罪の違いを理解する

子どもの自己肯定感を育てるために、ほかにもまだできることがある。それは3章でふれた恥と罪の違いに関係する。

子どもが恥と罪のどちらを感じやすいかは主に子育てが左右することが、研究で明らかになっている。子どもが自分自身や悩みをどのように受け止めるのかについて、親が与える影響はとても大きい。

叱るとき、子どもの行動と子ども自身をきちんと切り離しているだろうか。「あなたは悪い子だ（恥）」と言うのと、「あなたは悪いことをした（罪）」と言うのとでは大違いだ。これは単なる言語表現の問題ではない。恥は「私はできる」「もっとやれる」という自分への信頼感をむしばむ。親が子どもをはずかしめレッテルを貼るなら、成長し新しい行動を身につけるチャンスを摘み取ることになる。子どもが嘘《うそ》をつくなら、その行動を変えるよううながせばいい。でも、嘘つきだと言うなら――変わる可能性がなくなってしまう。

また罪と恥の違いについて、わかりやすく説明することが大切だ。子どもは4、5歳になる頃には、恥と罪の違いや、たとえ悪いことをしたときでも親は子どもを愛していることを理解できるようになる。

エレンが幼稚園に通っていた頃のこと。ある日の午後、先生が電話をかけてきた。「お母さんがどんなお仕事をされているのか、やっとわかりましたよ」

話を聞くと、その週の初めに、エレンがグリッター（ラメ状の粒）で絵を作るコーナーで、手も服もベタベタにしているのを見つけて、先生は「エレン！ きたないわ」と言ったそうだ。するとエレンは真剣な顔になって、「あたし、きたなくしたけど、あたしはきたなくないわ」と答えたという。

チャーリーも恥と罪の違いを理解している。わが家の犬がゴミ箱から食べ物を引っ張りだしていたので、「悪い子！」と叱ると、チャーリーがどこからかすっ飛んできて「デイジーは、悪いことをしたけど、いい子だよ！ デイジーは大好き。デイジーのしたことがいやなだけだよ！」と叫んだ。

私が「デイジーは犬でしょ、チャーリー」と違いを説明しようとすると、「あっ、そうか。デイジーは悪いことをしたいい犬なんだね」と言われてしまった。

恥は子どもにとって、愛されないという不安と強く結びついているため、とてもつらいものである。親がいないと食事も家も安全も保障されず、生きていくことすらできない幼い子どもにとって、愛されていない不安は生存に関わる脅威で、トラウマにもなる。多くの人が、恥を感じたときに小さな子どもに戻ったような気持ちになるのは、幼い頃の恥の経験が脳内にトラウマとして記録され、何か刺激を受けるとその頃に戻ってしまうからではないだろうか。このパターンは数多くの面接に見てとれた。

「いったい、どうしちゃったんだろう。上司がみんなの前で私を無能呼ばわりしたとき、何も言い返せなかったんです。突然、小学校2年生のポッター先生のクラスにいるような気がして、言葉が出てこなかった。まともな返事一つできませんでした」

「息子が2回目に三振したとき、とても見ていられなかった。父にされたようなことは絶対にしないといつも言っていたのに、チームメイトの前で息子をどなりつけてしまったんです。なんでそうなるのか自分でもわからない」

子どもが恥の体験をトラウマとして蓄積するという私の仮説が神経学的に実証される日が来るかどうかわからないが、少なくとも今、断言できるのは、**子ども時代の恥の経験は、その人の人格、自己認識、自己肯定感を変えてしまう**ということである。

私たちは恥について学ぶと、自分が子どもをはずかしめてきたことに気づかされる。また恥が重大な結果をもたらすことを知ると、親が家庭でいくら努力しても、外で体験する恥によって、子どもの人生が決まってしまうかもしれないと不安になる。恥を子育ての道具にしないよう努力することはできるが、外の世界で子どもが恥を体験することまでは防げない。実際、子どもは必ずどこかで恥を体験するのだ。

ほとんどの人は、子どもの頃の決定的と思えるような恥の体験を覚えているが、その記憶がよみがえるのは、十中八九、親と恥についてオープンに話して消化することができず、回復力をはぐくめなかったからである。

だが幸いなことに、子どもが恥と罪の違いを理解し、また親が子どもの気持ちや体験をいつでも関心をもって聞いてくれるとわかっていれば、もし教師やコーチ、聖職者、ベビーシッター、祖父母など、子どもの生活に大きく関わる大人とのあいだで恥の体験をしても、親に打ち明けやすくなる。

多少、恥を体験しても親に打ち明けることができた人は、恥を子どものしつけに利用することが多い親に育てられた人よりも、ずっと自己肯定感をもちやすいことが、面接調査からもわかっている。

私たちは、子どもを恥から完全に隔離することはできない。だが恥から立ち直る方法を教え、手本を示すことはできるのだ。

自分の子どもはもう大人になってしまったから、恥から立ち直る方法を教えることはできないと思う人もいるかもしれない。だが、それは違う。遅すぎるということはない。どんなに苦い過去でも自分のものとして受け入れるとき、結末は自分でつけることができる。

何年か前、こんな手紙を受け取った。

「かなり変わったいきさつで、あなたの研究は私の人生を変えました。私の母はアマリロの教会であなたの話を聞いた後で、私に長い手紙をくれました。『恥と罪に違いがあるなんて、考えもしなかった。これまでずっと、あなたをはずかしめてきたのね。本当は罪だと言いたかったのに。あなたがいい子でないと思ったことは、一度もない。間違ったことをしたときに、それが許せなかっただけのこと。それなのにあなたをはずかしめてしまった。今さら時間を戻すことはできないけれど、あなたが私にとって人生最高の贈り物だということ、あなたの母であることが本当に誇らしいということを、知らせたかった』。こんな日が来るなんて。母はもう75歳で私は55歳。でも本当に癒されました。何もかもが変わったんです。私自身の子育てさえも」

子どもが恥から回復するのを助ける手段として、最後に「ふつうのことにする」をあげよう。それは、**悩んでいるのは自分だけではなく、他の人も同じような悩みをかかえていることを、理解させてやること**だ。

子どもが対人関係や体の変化、恥、疎外感で悩むときや、不安になって大胆に踏み出せないとき、もし親が「私もそうだった」と、その悩みに関係した体験を話すことができたら、特別な絆が生まれるだろう。

子どもを支えるとは大人同士も支え合うこと

子育てに関する「価値観」の議論には、恥がまとわりつく。どこでどのようにお産をするのがよいか、予防接種、添い寝、食事など、意見が分かれそうな話題についての会話や本やブログでは、恥が耳に入り、傷が、それも深い傷が目に入ってくる。悪口を言う、こきおろす、いじめるなど、先に私が恥の行動として定義したことを、(主に)母親たちがしている。

他の親をその人が選択したやり方のゆえにはずかしめる人には、子どもの幸せについてどうこう言う資格はないと私は思う。私もそうだが、ほとんどの人はこの手のテーマには持論がある。だが広く子どもの幸せを願うなら、自分自身の子育てについては自分の価値観に従った選択をしつつ、同じようにそれぞれの価値観に従った選択をしている他の親を尊重すべきである。

また自分の選択に満足して欠乏感ではなく自己肯定感をもって世界と関わっているなら、白黒つけたいとも攻撃したいとも思わないものなので、自己肯定感を養うことが必要だ。

私は、子育てのやり方を善か悪かで判断しない。その人の立場やその場の状況によって、よい親と言われたり悪い親と言われたりするものだからだ。そういう批判が、人生や広い意味での子育てにおいてどれほどの価値があるのだろう。むしろ恥の嵐を巻き起こすだけだ。**私にとって子育てで問うべき価値は、「関わる意欲」である。**心を配っているだろうか？ よく考えて選択したことか？ 心を開いて学び、間違えることを怖れないか？ 関心をもって話を聞いているだろうか？

この仕事を通して知ったのは、世の中に熱心ですばらしい親のかたちは無数にあり、その中には私の個人的意見とは食い違うものもあるということだ。

たとえば、夫と私は子どもに見せるテレビ番組を、とくに暴力的なものをかなり厳しく制限している。このことは、ずいぶん2人で考え、話し合い、一番よいと思える判断をしたつもりだ。

一方、友人の中には、私ならエレンやチャーリーに絶対見せないような映画や番組を、子どもたちに見せる人もいる。でも彼らもよく考えて、充分に話し合い、そう判断したのだ。ただ私たちとは違う結論に至っただけで、私はそれを尊重したい。

また最近、少年少女が殺し合いをする『ハンガー・ゲーム』（メディアファクトリー）をエレンが読んでいることを仲のよい友人たちに驚かれたときには、逆の立場に立たされたが、互いの考えを尊重し共感し合うことができた。忘れてはいけないのは、他の親が自分と違う選択をしたからといって批判をされたわけではないということだ。自分自身の道を見つけること、それについて違う意見のある人を尊重することも、果敢なる挑戦なのだ。

子どもの自己肯定感をはぐくむのに大切なこと

自己肯定感は、愛の問題であり帰属意識の問題でもある。親の愛は無条件に与えられるものだと子どもに伝える一番の方法は、家族の大切な一員であることを確信させることだ。子どもにとって、それは重大で、ときに胸を締めつけられるほどの大問題だ。帰属意識とは自分よりも大きな何かに所属していたいという人間の本来的な願望であるが、集団に「所属する」ことと「溶け込む」ことは同じではない。それどころか、溶け込むことは所属することの最大の障壁にもなる。溶け込むとは、その場の空気を読んで、受け入れてもらいやすい人間になること。一方、所属するためには、自分を変える必要はまったくない。むしろありのままの自分でいることが必要だ。

８年生の生徒を少人数のグループにして、溶け込むことと所属することの違いについて考えてもらったことがある。彼らの答えには怖れ入った。

- 「所属する」とは、自分がそこにいたいと願い、いてほしいと思ってもらえる場所にいること。「溶け込む」ときは、いたいと願う場所にいるが、いてもいなくてもどうでもいいと思われている。
- 「所属する」とは、自分が自分であるから受け入れられること。「溶け込む」とは、他の人と同じようだから受け入れられること。
- 所属しているときは、自分のままでいられる。溶け込むためには、他の人と同じにならなくてはいけない。

このように、違いをずばりと言い表してくれたのだ。どこへ行っても、ミドルスクールやハイスクールの生徒はこの違いをよく理解している。

また彼らは、家庭の中で居場所がないと感じるときのつらさを率直に話してくれた。ある生徒は「学校で居場所がないのは本当に苦しい。でも家の中に居場所がないと感じるのに比べたら、たいしたことではない」と書いた。彼らは、次のような例をあげてくれた。

- 親の期待に応えていない
- 親が望むほどカッコよくないし人気もない
- 親ほど頭がよくない
- 親が得意だったことが、自分は得意でない
- 自分に友だちが少ないから、運動ができないから、チアリーダーになれないから、親がそれを恥じている
- 自分のことや自分が好きなことを、親は好きではない
- 親が自分の生活に興味をもっていない

子どもの自己肯定感をはぐくみたいなら、子どもは家族に所属しており、それには何の条件も必要ないのだということを、しっかりと伝えなくてはならない。

私たちは、自分にないものを子どもに与えることはできない。だから子どもと一緒に、大きな何かの一部であるという感覚をはぐくむ努力をする必要がある。子どもと共に成長することができ、子どもには深い共感の能力があることを知った、私の体験をお話ししよう。

エレンが4年生のとき、ある日学校から帰って玄関のドアを閉めたとたん、ワッと泣き出して、自分の部屋に駆け込んでしまった。私はすぐに後を追いかけ、しゃがん

で顔を覗《のぞ》き込み、「何があったの」ときいた。すすり泣きの合間に聞きとれたのは、「〝残りの子〟になるのはもういや！　もううんざり」という言葉だった。

何のことなのかわからなくて、〝残りの子〟とはどういう意味なのかたずねた。

「毎日休み時間にサッカーをするとき、人気のある2人がキャプテンになって、自分のチームのメンバーを選ぶの。一人が『スージーとジョン、ピート、ロビン、ジェイクはこっちのチーム』って言うと、もう一人が『じゃあこっちはアンドリュー、スティーブ、ケイト、スー。〝残りの子〟は半分ずつ分けよう』って。毎日、私は〝残りの子〟。名前で呼んでもらえないの」

私の心は沈んだ。娘は両手に顔をうずめてベッドのふちに座っていた。暗い部屋で泣いている娘を見ていることに耐えられなくなり、電気をつけようとしたとき、ふとペマ・チョドロンの名言が心に浮かんできた。「思いやりは、癒す人と傷ついた人との関係ではない。それは対等な者同士の関係だ。自分の暗闇がよくわかるときこそ、他人の暗闇と共にいることができる。人は皆、同じであることを理解したとき、思いやりは本物になる」

私はスイッチを入れずに、エレンのところへ引き返し、心の闇と現実の暗闇につつまれたまま隣に座った。そしてエレンの肩を抱いて、「残りの子になった気持ち、わかるわ」と言った。

エレンは鼻をすすりながら言った。「わかるはずないわ。だって、ママは人気者だもん」

「残りの子になったときって、腹が立って、傷ついて、自分がちっぽけで、孤独だって感じる。人気者でなくてもいいけど認めてほしいし、大切にしてほしい。私もそこにいていいんだって」と私は言った。

エレンは目を見張って「どうしてわかるの？　本当にそんな感じなのよ」と言った。

そのまま2人でベッドに寝転がって、エレンが休み時間の話をしたり、私が残りの子になったときのとてもつらかった体験を打ち明けたりした。

それから2週間ほどたった頃、2人で家にいたときに郵便が届いた。私は「来たぞ」と思って玄関に走って行った。私は有名人が集まるイベントで話をする予定があり、その宣伝ポスターを楽しみにしていた。後から振り返るとおかしな話だが、自分の写真が映画スターの隣に並んでいるのを想像して舞いあがっていたのだ。ソファに陣取ってポスターを開き、とりつかれたように上から下まで目を走らせた。ちょうどそのとき、エレンが入ってきた。「すごい！　それママのポスター？　見せて！」

エレンはそばに近づくあいだにも、私をつつむ気配が期待から落胆へと変わったのに気づいたに違いない。「どうしたの、ママ？」

エレンは隣に座り、指で写真をなぞりながら言った。「ママがいないわ。どこ？」

私はスターの写真の下にある一行を指差して言った。「その他」

エレンはソファのクッションにもたれ、頭を私の肩に乗せながら言った。「ああ、ママ。残りの子になっちゃったのね、つらいね」

私は答えに詰まった。自分の写真がなかったこと、そして写真がないのを気にしていることの両方で、自分をちっぽけに感じた。エレンは私の顔を見ながら言った。「どんな気持ちか、わかるよ。私も残りの子になったら傷つくし、ちっぽけで、ひとりぼっちになった気がする。誰でも大切な人でいたいし、どこかに入りたいものね」

それはこのうえなく心温まる瞬間に変わった。休み時間のグラウンドや華やかなイベントで、いつでも帰属意識を感じられるわけではない。それでもこのとき、私たちは一番大切な場所、すなわち家族の中に自分の居場所があるのを実感したのだ。完璧な子育てを目指さなくてもいい。むしろ**最高の贈り物――もっとも大切なことを教えること――ができる瞬間は、親が完璧ではなく、子どものほうがギャップに気づかせてくれるときに訪れる**のだ。

もう一つ、恥からの回復力をはぐくみ、ギャップに気づくことの大切さを教えてくれる話を紹介しよう。

子どもを学校へ迎えに行ったスーザンは、子どもたちをそばで待たせたまま、母親仲間とおしゃべりをしていた。母親たちが話していたのは、新入生を迎える「ようこそかわいい1年生」パーティをどこの家でやるかということだった。誰もやりたがらなかったのだが、引き受けてもいいと手をあげたのが、「例のきたないお宅」の母親だったのだ。その母親やその家のことをいろいろ言ったあげく、そんなことをしたら自分たちやPTAの評判が落ちるということで、皆がうなずいた。

それからスーザンは子どもたちを車に乗せて家へ向かった。1年生の息子が後ろのシートからふいに声をかけてきた。「ママはいいママだよ」。スーザンは微笑《ほほえ》んで「あら、ありがとう」と答えた。車を降りて家に向かう途中、息子は大きな目に涙をためて、スーザンに近づいてきた。「ママは自分のことが嫌いなの？　だいじょうぶ？」

スーザンはびっくりして、息子のそばにかがむと「だいじょうぶよ。でも、どうして？　何かあったの？」と言った。

息子は答えた。「誰かが自分たちと違うからって、みんなで悪く言うのは、自分のことを嫌いな人たちがすることだって、ママが言ってたもん。自分が好きなら、他の人のことを悪く言ったりしないんでしょう」

スーザンはたちまち恥で体が熱くなった。息子はさっきの話を聞いていたのだ。

さあ、ここが偽りのない子育てができるかどうかの分かれ目だ。少しのあいだ、生身をさらすことに耐えられるか？　恥と不快感をまぎらわせようとして、子どもの気をそらせたり、「大人の話に口をはさまないの！」と叱ったりするか？　子どもの思いやりの心を認めるチャンスにするか？　自分の誤りを修正できるか？　自分のしたことを正直に認める子どもになってほしいなら、自分自身がそれを実行できるか？

　スーザンは息子を見つめながら言った。「ママのことを心配してくれてありがとう。だいじょうぶよ。だけど、ママは間違ったことをしたみたい。よく考えてみるから、少し時間をちょうだい。あなたの言うことは正しいわ。ママはたしかに人を傷つけるようなことを言ったものね」

　スーザンは落ち着きを取り戻してから、息子とじっくり話した。グループで誰かのうわさ話をしているとき、どんなに雰囲気に呑《の》まれやすいかを話し合った。またスーザンは、「人にどう思われるか」が気になってしかたがないときがあると率直に打ち明けた。すると息子は身を乗り出して「ぼくもだよ」とささやいた。こういう話はこれからもしようね、と2人は約束したのだった。

関わるとは、時間とエネルギーを注ぐことである。子どもの隣に座って、子どもの世界、興味、考えていることや体験したことを理解することなのだ。

　子育てについての意見が分かれるとき、熱意ある親はどちらの側にもいる。ただ価値観や伝統、文化が違うだけで、どちらもそれぞれの信じる価値観を実践している。そして「私が完璧なわけではないし、いつも正しいとはかぎらない。それでも、いつもあなたのそばにいて、心を開いて、注意を払って、愛している。全力で関わっている」という子どもへの思いも、きっと皆、同じだ。

関わることには犠牲がつきものだが、やるべきことを山ほどかかえていると、ついついこう考えてしまう——3時間もかけて息子のフェイスブックのページに目を通していられない、娘が4年生の科学展での事件をことこまかに説明するのを聞いたりする時間なんてない、と。私の悩みもそれだ。

だが最近、教会の説教で犠牲とは何かについて聞いて、子育てについての考えが根本から変わった。犠牲という言葉の語源はラテン語で、「聖別する」とか「神聖なものにする」という意味だという。どんなに私たちが不完全で、弱みがあり、混乱していたとしても、全力で子育てに関わるとき、何か神聖なものを生み出しているのだと、私は心から信じている。

傷つくことへの勇気

この部分にとりかかる前に、キッチンのテーブルにデータを広げて、自分に問いかけた。偽りのない心をもつ子どもを育てようとするとき、親にとってもっとも傷つく可能性があり、勇気のいることは何だろう？　その答えを出すには時間がかかると思ったが、調査ノートを見れば一目瞭然だった。それは、子どもに悩みや苦しみを体験させることなのだ。

私は全国を回るうちに、親や教師のあいだで、ある懸念が広がっているのを感じた。親がすぐに救いの手を差し伸べるので、子どもが困難や失望にどう対応すればいいのか学べていないという心配だ。興味深いことに多くの場合、そう訴えるのは、絶えず子どもの問題に介入し、手を貸し、保護しようとするタイプの親だった。子ども自身が傷つく可能性に耐えられないというのではない。親のほうが、「不確実で、リスクがあり、生身をさらす思いをすることに耐えるべき」だとわかっていながら、それに耐えられないのだ。

私も以前は、子どもにまかせて自分で解決させることがなかなかできなかったが、研究から学んだことを通して、考えが大きく変わった。**子どもを助けようとして手を出すのは無益なばかりか、むしろ危険なのだ。**と言っても、私はいまだに葛藤するし、手を出すべきではないときに手を出してしまうことがある。それでも不安にまかせて行動に出る前に、立ち止まって、もう一度考えるようになった。なぜなら、希望は苦しみを通して生まれるからだ。希望を豊かに抱くように育ってほしいなら、苦しみを通過させなければならない。愛情と帰属意識の次に、子どものために望むものといえば、豊かな希望以外にないだろう。

かつて研究の中で、逆境の体験や不屈の精神、闘志が、偽りのない心の重要な資質だとわかったとき、私は大いに喜んだ。というのも、それらは当時の私がもっていた「偽りのない心」の数少ない資質だったからだ。

こうした要素をすべて含む概念を探していたとき、C・R・シンダーの希望の研究に出合って、衝撃を受けた。それまで私は希望というのは温かだが、あいまいな感情であり、可能性を感じるということだと考えていたし、言ってみれば一種の強気か、いわゆる「プランB」――最初の計画プランAが崩れたときの代替プランのようなもの――を思い描いていたからである。

ところが「温かだが、あいまいな感情」というのは間違いで、「強気」で「プランB」は合っていた。シンダーは、希望とは目標、経路、主体性の3要素からなる思考過程だと言う。希望が生まれるのは次のようなときだ。

- 現実的な目標を設定する能力がある（どこに行きたいかわかっている）
- 目標を達成する方法を考え出すことができる。別のルートを開拓する柔軟性も含めて（たどり着く方法を知っていて、粘り強く、失望を乗り越え、再挑戦することができる）

・自分を信じている（私にはできる！）

つまり希望とは、目標を設定し、目標を追いかける根気と忍耐をもち、自分の能力を信じること。希望とはプランBなのだ。

そしてもう一つ、希望とは、学習して身につけるものである（それを知ってから、私は傷つく可能性を受け入れ、一歩下がって子どもに自分で解決させようと思うようになった）。シンダーによると、子どもは主に親から希望を学ぶのだという。希望を豊かにもつ子どもは、逆境を経験している。苦しみや悩みを経験して、その過程で自分を信じることを学んでいるのだ。

自分の中の「挑戦する力」をはぐくむ

希望に満ちた、傷つくことを怖れない子どもを育てるとは、一歩下がって、失望を経験させ、対立を解決させ、自己主張する方法を学ばせ、失敗する機会を与えるということだ。競技場の中まで子どもについていき、批判者を黙らせ、勝利を保証するなら、子どもは自分に果敢に挑戦する力があることを決して学ばないだろう。

それを一番よく教えてくれたのは、エレンとのあるエピソードだった。水泳の練習を終えたエレンを迎えに行ったある日のこと、遠目のシルエットだけからでも彼女の身に何かよくないことがあったのだとわかった。エレンは車に乗ると助手席にドサッと身を投げ出し、目に涙をためていた。

「どうしたの？　何かあったの？」

エレンは窓の外を見ながら深いため息をついて、パーカーの袖で涙をふいた。「土曜日の大会で100メートルの平泳ぎに出なくちゃいけないの」

エレンにとってそれがどれほどいやなことかはよくわかっていたので、私は思わず安堵《あんど》したことを感づかれないようにした。いつもの癖で、もっととんでもなく恐ろしいことが起きたと想像していたのだ。

「平泳ぎは苦手で、本当にへたなの。大会には出さないでってコーチに頼んだのに」

家に着く頃、共感と励ましの言葉をかけようとしたが、そのときエレンが私の顔を覗き込み、自分の手を私の手に重ねてこう言った。「お願い、ママ。助けて。他の子がプールからあがって、次の組のスタートが準備できても、私まだ泳いでいると思う。本当に遅いの」

息がとまりそうになった。頭がぼんやりした。突然、私は10歳に戻って、メモリアル・ノースウェスト・マーリンズの選手としてスタート台に立っていた。スタート係の父が、死ぬ気でやれよという顔で見ている。私は遅い子が泳ぐ壁際のレーンだ。散々な結果になるに決まっている。ついさっきのこと、ベンチで待機し座っているとき、頭越しにコーチが言ったのだ。「上の年齢枠で泳がせてみましょう。泳ぎ切れるかどうかわからないけど、おもしろそうだ」

「ママ？　ママ！　聞いてる？　ねえ、助けてくれるの？　コーチにかけ合って別の種目に出してくれるかどうかきいてみて」

傷つく不安に耐え難くなって、私は叫びそうになった。「いいわよ。泳ぎたくない試合になんて出なくていい！」。だが、なんとかこらえた。冷静になることが、偽りのない心への私の課題の一つだったので、深呼吸して、5つ数えて、こう言った。「パパに話してみるわ」

子どもたちが眠った後、夫と私は1時間かけてこの問題を話し合い、自分でコーチに頼みに行かせるという結論になった。それでもコーチが出ろと言うなら、出なくてはならない。それが正しい判断だとはわかっていても、少しも気は晴れず、怖れと傷つく不安のはけ口に、夫にけんかを売ってみたり、コーチを非難したりした。

私たちの結論を聞いて、エレンはひどく動揺した。練習から帰ってきて、試合で公式なタイムをはかるのは大切なことだとコーチに言われたと報告したときは、さらに心を乱していた。エレンはテーブルの上に腕を組み、顔をうずめて泣いた。一度顔をあげて「いっそ大会を中止にできたらいいのに。みんながっかりするだろうけど」。私は心の中でウン、ウンとうなずいた。するとエレンはこう言ったのだ。「どうせ勝ち目なんかないよ。2着にも3着にも入れない。みんな見に来るのに」

さあ、ここがエレンにとって何が大切かを再定義するチャンスだ。水泳大会よりも友だちの目よりも、そしてこの社会にはびこる勝利至上主義のスポーツ文化よりも、わが家の文化の影響を強めるときだ。私はエレンに言った。「ママも大会を中止にできたらって思うわ。でも、勝つことや他の子に遅れないで水からあがることを目標にしなければいいんじゃない？　ただ試合に出て水に入るのを目標にしたらどう？」

エレンは呆れたような顔で私を見た。「ただ出て、水に入るだけ？」

私は自分自身がずっと苦手なことに挑戦することを避けてきたので、勇気を出すとはどういうことなのか忘れかけてしまったと話しながら、**「一番勇気のいる大切なことが、ただそこに出ていくことだということもあるのよ」**と言った。

水泳大会の日、エレンの組が呼ばれるときに、夫と私は彼女のそばにいないようにした。いよいよスタート台にあがる番になると、本当に姿を見せるかどうか不安になった。だがエレンは現れた。私たちはエレンのコースの端に立ち、息を殺した。エレンはまっすぐ私たちを見て、うなずき、ゴーグルをつけた。

エレンが水からあがったのは、最後だった。他の選手たちはすでにプールサイドを離れ、次にスタートする選手が準備を始めていた。夫と私は大声で最後まで応援した。エレンがプールからあがりコーチのところへ行くと、コーチはエレンを抱きしめ、キックについて何か教えていた。ようやく私たちのところに笑顔で戻ってきたエレンは、ちょっぴり涙ぐんでいた。そして言った。「ひどかったけど、私やったよ。ちゃんと試合に出て、水に入ったの。勇気あるでしょ」

この章の最後の「まごころからの育児宣言」は、私が自分自身のために必要だったから書いたものだ。

何を獲得し達成したかで人の価値を判断する文化の中で、それをはかるものさしを捨てるのは簡単なことではない。傷つく可能性に苦しむとき、「足ることのない」不安にとりつかれたとき、私はこの宣言によって、自分を見直し、祈り、思いをめぐらす。そして、私の人生を変え、おそらく、人生を救うことになった発見をいつも思い起こすのだ。私たち親がどんな人間であり、世界とどのように関わっているかが、子育てに関する知識がどれだけあるかということより、はるかに正しく子どもの将来をうつす鏡となるということを。

まごころからの育児宣言

何よりもまず、あなたが愛されていること、愛すべき存在であることを、知っておいてほしいと思います。

あなたは私の言葉や行動から、そのことを知るでしょう。私はあなたへの、また自分自身への態度を通して、愛を教えます。

あなたには自己肯定感をもって、世界に関わってほしい。

私が自分自身を慈しみ、不完全な自分を受け入れるのを見るたびに、あなたは自分にも愛、居場所、喜びを手に入れる価値があることを学ぶでしょう。

私たちは家庭の中で、存在を示し、生身をさらし、ヴァルネラビリティを大切にすることによって勇気を実践します。苦しみ悩んだこともうまくできたことも話します。この家では、いつでもその両方を受け入れます。

まず自分自身を、そしてお互いを思いやることによって、あなたに思いやりを教えます。境界線を引いて尊重し、懸命な努力、希望、忍耐を大切にします。よく休息しよく遊ぶことは、家族の習慣となり価値基準となります。

失敗してやり直す私を見て、また、どうしてほしいか、どう感じているかを言葉で伝える私を見て、あなたは説明責任と人を尊重することを学びます。

あなたには喜びを知ってほしい。だから一緒に感謝を実践し、一緒に傷つく可能性を受け入れることを学びます。

不確実なことや欠乏感に揺らぐとき、日々の生活ではぐくんできた精神力があなたを支えるでしょう。

私たちは共に泣き、不安や悲しみに向き合います。あなたの苦しみを取り去ってあげたくなっても、ただそばにいて、どう受け止めればいいかを教えます。

私たちは笑い、歌い、踊り、新しいものを創り出します。いつでもお互いがありのままの自分でいい。どんなことがあっても、あなたはこの家族の一員なのですから。

あなたが偽りのない心の旅を始めるときに贈ることのできる最大のプレゼントは、私が心から生き、愛し、果敢に挑戦することです。

教え方も愛し方もお手本も、完璧なものは一つもないけれど、それでも私は自分を見せ、あなたを見ることができる幸せを宝物にします――まごころを込めて、深く、あなたを見ることを。

おわりに

ただ批判するだけの人に価値はない――強い人のつまずきを指摘し、やり手ならもっとうまくできたはずだとあげつらうだけの人には。

称賛に値するのは、実際に競技場に立ち、埃《ほこり》と汗と血にまみれながらも勇敢に戦う人だ。あるときは間違いをおかし、あと一歩で届かないことが何度もあるかもしれない。

何をするにも間違いや欠点はつきまとう。それでもなお、ことを成し遂げるためにもがき苦しみ、情熱に燃え、力を尽くし、大義のために身を粉にして励む人こそ偉大なのだ。

順風ならば最後には勝利に輝くだろうし、最悪の場合、失敗に終わるかもしれない。だが彼らは、少なくとも果敢なる挑戦をしたのである。

セオドア・ルーズベルト

過去12年間の研究をこの本に凝縮する作業をした9か月間、ルーズベルト大統領のこの言葉を少なくとも100回は読み返した。それは、怒りで頭に血がのぼったとき、あるいは絶望の涙にくれているときで、「こんなのデタラメよ」とか「傷つくリスクをおかす価値なんてない」と思ったものだ。

つい最近も、あるウェブサイトで私を誹謗《ひぼう》する匿名のコメントをいくつか読んでしまったとき、この言葉を記した紙をデスクのピンボードから取りはずし、紙に向かって問いかけた。「もし、ただ批判するだけの人に価値がないなら、どうしてこんなに心が傷つくのですか？」

もちろん紙は何も答えない。

紙を握りしめたまま、ついこのあいだ、20歳そこそこの青年と話したことを思い出した。彼は、ご両親に私のTEDトークのリンクを教えられ、「偽りのない心」「果敢なる挑戦」という考えがとても気に入ったそうだ。そして私のトークに触発されて、数か月間親しくしている女性に愛の告白をする決心をしたのだという。私はちょっとドキッとしたが、よい返事をもらえたことを期待した。

ところが結果は残念なものだった。あなたは「すばらしい人」だけど、お互いに他の人とおつきあいしたほうがいいと言われてしまったそうだ。彼はアパートに戻ると、2人のルームメイトにそのことを話した。「でも2人ともパソコンをかかえ込んだまま、顔をあげもしなかった。『おまえ、何考えてんだよ』っていうような感じで」。ルームメイトの一人は「女は捕まえようとするから逃げていくのさ」と言ったという。「最初は自分がひどくマヌケに思えました。自分に腹が立ったし、それからあなたにもちょっとムカついた。でも、自分がなぜそうしたのかを思い出したんです。それでルームメイトに言いました。『でも、勇気を出して挑んだんだ』。すると2人ともキーボードの手を止めて、ぼくのほうを見て、うなずくとこう言ったんです。『よくやったじゃん』」

果敢なる挑戦は、勝つか負けるかという問題ではない。勇気なのだ。欠乏感と恥に支配され、不安であることが習い性になってしまったこの世界では、ヴァルネラビリティはそれに逆らうということだ。不愉快で、ときには少し危険ですらある。もちろん生身をさらせば、傷つくリスクはとても大きくなる。だが自分の人生を振り返ったとき、私は人生の傍観者だった、自分の存在を示し生身をさらす勇気があったらよかったのに……と思うほど、不愉快で、危険で、心が痛むことはないとはっきり言える。

だからルーズベルト大統領様、あなたのおっしゃる通りです。「何をするにも間違いや欠点はつきまとう」。そしてヴァルネラビリティなしには勝利はありえない。今度この言葉を読むときは、たとえたたきのめされた気分でも、きっとこう思う——「よくやった」と。

訳者あとがき――傷つくことは可能性

ヴァルネラビリティ。ちょっと舌をかんでしまいそうな、あまり耳慣れない言葉です。英和辞典を引くと、「傷つきやすさ」という訳語が目に入ります。

本書の著者、ヒューストン大学ソーシャルワーク大学院研究教授のブレネー・ブラウンは、ヴァルネラビリティとは「傷つくリスク」「生身をさらすこと」であると言い、偽りなく生きるにはヴァルネラビリティが欠かせないと主張します。それは、どういうことなのでしょうか。

たとえば素手は傷つきやすいものです。熱いものをさわれば熱いと感じるし、やけどするかもしれない。冷たいものをさわればピリッとする。とがったものが刺されば、痛いと感じる……。

もし分厚い手袋をはめていれば、リスクは少なくなるでしょう。でも手袋をはめたまま誰かの手を握りしめても、ぬくもりはぼんやりとしか伝わりません。

たとえ傷つく可能性があっても、素手でいるほうが――生身をさらして生きるほうが、愛や喜び、人とのつながりを豊かに実感できるし、傷つく可能性は、実は偽りなく生きる可能性でもあるのだと、ブレネー・ブラウンは語りかけてきます。

しかしそれは、とても勇気のいる生き方でもあります。弱さやもろさを抱える生身の自分を認めるよりは、重い鎧《よろい》や息苦しい仮面を身につけているほうが、まだ楽なように思えてしまうからです。どうすれば、この鎧を脱ぎ、仮面をとり、偽りなく生きることができるのでしょうか。それを数多くの面接調査のデータから、ブレネーが自分自身の問題として悩みながら導き出した答えが、本書の内容です。

本書の冒頭には、著名な作家たちから寄せられた賛辞が紹介されています。その一人クリス・ギレボーは「自分を偽ってでも周囲に合わせろというプレッシャー」のかかる社会の中で、本書は「本来のあなたに戻って人生を変える」方法を提案していると述べています。ヴァルネラビリティを受け入れることは、本当の意味で自分らしく生きることでもあるのでしょう。

ブレネーの人生の転機となったTEDトークは、日本でもNHK番組『スーパープレゼンテーション』で紹介されているトークイベントです。ブレネーのトークはTEDのウェブサイトなどで視聴することができますが、きさくで親しみやすく実直な人柄が伝わってきます。

ブレネーは、ユーモアのある巧みな比喩で抽象的概念を表現するのが得意です。たとえば、何かに挑戦しようとするたびに「お前じゃ力不足だ」「批判されるのがオチさ」と頭の中でささやく自己不信と自己批判の声を、ホラーコメディ映画のモンスターにちなんで、「恥のグレムリン」と名づけています。

グレムリンのささやきは、筆者が本書を翻訳することになったときにも、何度も頭の中で聞こえてきました。グレムリンは失敗や傷つくことを怖れる心に食らいついてくるのです。それでも最後まで訳しおおせたのは、本書の力強いメッセージに背中を押されたからだといっても過言ではありません。

この本を手にとってくださったあなたにも、「果敢なる挑戦」への小さな勇気の素《もと》になれれば幸いです。

最後になりましたが、本書の翻訳にあたり、サンマーク出版の佐藤理恵様、オフィス・カガの加賀雅子様に大変にお世話になりました。心よりお礼を申し上げます。

2013年7月

門脇陽子

This edition published by arrangement with Gotham Books,
a member of Penguin Group(USA) Inc.
through Tuttle-Mori Agency, Inc., Tokyo.

ブレネー・ブラウン（Brené Brown）
ヒューストン大学ソーシャルワーク大学院研究教授。その画期的な研究は、公共放送サービスPBSと公共ラジオ放送NPRで紹介され、Ted.comの2つのトークのテーマともなった。テキサス州ヒューストン在住。家族は夫と子ども2人。
　ウェブサイト　http://www.brenebrown.com
　ツイッター　http://www.twitter.com/BreneBrown

門脇陽子（かどわき ようこ）
翻訳者。津田塾大学学芸学部国際関係学科卒業。訳書に『論理的で心に届く8ステップ説得術』（講談社）、『自閉症スペクトラム障害のある人が才能をいかすための人間関係10のルール』（明石書店）、『心の病の「流行」と精神科治療薬の真実』（共訳、福村出版）などがある。

本当の勇気は「弱さ」を認めること

2013年8月30日　初版発行
2024年2月10日　第6刷発行

著　者　ブレネー・ブラウン
訳　者　門脇陽子
発行人　黒川精一
発行所　株式会社 サンマーク出版
　　　　東京都新宿区北新宿2-21-1
　　　　（電）03-5348-7800
印　刷　中央精版印刷株式会社
製　本　株式会社若林製本工場

定価はカバー、帯に表示してあります。落丁、乱丁本はお取り替えいたします。

ISBN978-4-7631-3300-7　C0030
ホームページ　http://www.sunmark.co.jp